INHALT

LIEBE LESER, SCHALOM!

Die Welt meint und glaubt, dass der israelisch-arabische Friedensprozess für Israels Existenz lebensnotwendig sei. Das ist lieb gemeint, aber die Welt pflegt zuerst ihr Interesse. Sie sucht im Nahen Osten Ruhe und nicht nach Gerechtigkeit. Die internationale Gemeinschaft sieht ein, dass der Weltfriede von den Resultaten der Friedensverhandlungen zwischen Israel und den Arabern im Nahen Osten abhängt. Wenn Israel dafür alles hergeben muss, dann soll es so sein!

Das Volk in Zion trotzt allen Schlagzeilen und lebt in größter Ruhe. Nicht die Verhandlungen stehen im Mittelpunkt, sondern das ganz normale Leben. Oft wird dies im Ausland missverstanden: Wie kann es sein, dass ein Volk wie Israel sich nicht ausschließlich um den Frieden kümmert? Aber der Schein trügt. Nichts ersehnt sich Israel mehr als Frieden.

Im israelisch-palästinensischen Konflikt liegen Völker und Religionen im Streit um das Recht und um die Macht. Der Gesellschafts-Seismograph Google bestätigt: Nicht das messbare Leid bestimmt das Interesse an ethnischen Konflikten, sondern die Thematik dahinter.

Freunde, Israel hat mehr zu bieten als „direkte Gespräche". Mehr, als viele Menschen weltweit ahnen. Und dies versuchen wir als Jerusalemer Nachrichtenagentur zu übermitteln. Neben unserer Zeitschrift *Israel Heute* sind wir im Internet präsent, jährlich erscheint unser *Israel Pass* und wöchentlich das Fernsehmagazin *Israel Heute*, in Deutschland bei Bibel TV.

Aus erster Hand erfahren Sie, was andere weglassen, nämlich was Israel zu bieten hat. Im Fernsehen sehen Sie *Wie*, im Web geht es um das *Was*, und in der Zeitschrift lesen Sie *Warum*. Ich bedanke mich, dass Sie hinter Israel und unserem Nachrichtendienst stehen. Mir ist klar, dass dies nicht selbstverständlich ist, daher gebe ich Gott die Ehre dafür!

Aviel Schneider
und die gesamte ISRAEL HEUTE-Redaktion in Jerusalem

1	Samstag ●	**SCHABBAT**	כה

Neujahr
Johannes 14,1-6

Jesaja 60,1-6

Schabbat „**Wa'Era** – Und ich erschien"
2.Mose 6,2 – 9,35;
Hesekiel 28,25 – 29,21

2	SONNTAG • Jom Rischon	כו

2. So. nach Christfest
Johannes 1,43-51

3	Montag • Jom Scheni	כז

4	Dienstag • Jom Schlischi	כח

5	Mittwoch • Jom Rewi'i	כט

6	Donnerstag • Jom Chamischi	א

Epiphanias / Hl. Drei Könige
Johannes 1,15-18

7	Freitag • Jom Schischi	ב

8	Samstag • SCHABBAT	ג

Schabbat „Bo – Komm!"
2.Mose 10,1 – 13,16;
Jeremia 46,13-28

9 **SONNTAG** ● **Jom Rischon** ד

So. nach Epiphanias
Matthäus 4,12-17

10 **Montag** ● **Jom Scheni** ה

11 **Dienstag** **Jom Schlischi** ו

12 **Mittwoch** **Jom Rewi'i** ז

13 **Donnerstag** ● **Jom Chamischi** ח

14 **Freitag** ● **Jom Schischi** ט

15 **Samstag** ● **SCHABBAT** י

Schabbat „**BeSchalach** – Als er ziehen ließ"
2.Mose 13,17 – 17,16;
Richter 4,4 – 5,31

16	SONNTAG ●	Jom Rischon	י"א

2. So. nach Epiphanias
2.Mose 33,17b-23

17	Montag ●	Jom Scheni	י"ב

18	Dienstag ●	Jom Schlischi	י"ג

19	Mittwoch ●	Jom Rewi'i	י"ד

20	Donnerstag ●	Jom Chamischi	ט"ו

TU BiSCHWAT –
Neujahr der Bäume

21	Freitag ●	Jom Schischi	ט"ז

22	Samstag ●	SCHABBAT	י"ז

Schabbat „Jitro"
2.Mose 18,1 – 20,23;
Jesaja 6,1 – 7,6; 9,5-6

23	SONNTAG • Jom Rischon	י"ח

3. So. nach Epiphanias
Johannes 4, 46-54

24	Montag • Jom Scheni	י"ט

25	Dienstag • Jom Schlischi	כ

26	Mittwoch • Jom Rewi'i	כא

27	Donnerstag • Jom Chamischi	כב

28	Freitag • Jom Schischi	כג

29	Samstag • SCHABBAT	כד

Schabbat „**Mischpatim** – Rechte"
2.Mose 21,1 – 24,18;
Jeremia 34,8-22; 33,25-26

30	**SONNTAG**	**Jom Rischon**	כה

4. So. nach Epiphanias
Matthäus 14,22-23

31	**Montag**	**Jom Scheni**	כו
1	**Dienstag**	**Jom Schlischi**	כז

2	**Mittwoch**	**Jom Rewi'i**	כח
3	**Donnerstag**	**Jom Chamischi**	כט
4	**Freitag**	**Jom Schischi**	ל
5	**Samstag**	**SCHABBAT**	א

Schabbat „**Terumah** – Die Hebe"
2.Mose 25,1 – 27,19;
Jesaja 66,1-24
(1.Könige 5,26-6,13)

6	**SONNTAG**	•	**Jom Rischon**	ב

5. So. nach Epiphanias
Jesaja 40,12-25

7	**Montag**	•	**Jom Scheni**	ג

8	**Dienstag**	•	**Jom Schlischi**	ד

9	**Mittwoch**	•	**Jom Rewi'i**	ה

10	**Donnerstag**	•	**Jom Chamischi**	ו

11	**Freitag**	•	**Jom Schischi**	ז

12	**Samstag**	•	**SCHABBAT**	ח

Schabbat Sachor „**Tezawe** – Du sollst befehlen"
2.Mose 27,20 – 30,10;
Hesekiel 43,10-27

13	SONNTAG • Jom Rischon	ט

Letzter So. nach Epiphanias
2.Mose 3,1-10 (11-14)

14	Montag • Jom Scheni	י

15	Dienstag • Jom Schlischi	י"א

16	Mittwoch • Jom Rewi'i	י"ב

17	Donnerstag • Jom Chamischi	י"ג

18	Freitag • Jom Schischi	י"ד

19	Samstag • SCHABBAT	ט"ו

Schabbat Parah „**Ki Tissa** – Wenn du zählst"
2.Mose 30,11 – 34,35;
1.Könige 18,1-39

20	SONNTAG • Jom Rischon	טז

Septuagesimä / 70 Tage vor Ostern
Lukas 17,7-10

21	Montag • Jom Scheni	יז

22	Dienstag • Jom Schlischi	יח

23	Mittwoch • Jom Rewi'i	יט

24	Donnerstag • Jom Chamischi	כ

25	Freitag • Jom Schischi	כא

26	Samstag • SCHABBAT	כב

Schabbat „WaJakhel – Er versammelte"
2.Mose 35,1 – 40,38;
1.Könige 7,13-26

27 **SONNTAG** • **Jom Rischon** כג

Sexagesimä / 60 Tage vor Ostern
Markus 4,26-29

28 **Montag** • **Jom Scheni** כד

1 **Dienstag** • **Jom Schlischi** כה

2 **Mittwoch** • **Jom Rewi'i** כו

3 **Donnerstag** • **Jom Chamischi** כז

4 **Freitag** • **Jom Schischi** כח

5 **Samstag** • **SCHABBAT** כט

Schabbat „**Pekudej** – Aufwendung"
2.Mose 35,1 – 40,38;
2.Könige 12,1-17
(1.Könige 7,40-50)

6 SONNTAG • Jom Rischon ל

Estomihi (Sei mir ein starker Fels!)
Lukas 10,38-43

7 Montag • Jom Scheni א

8 Dienstag • Jom Schlischi ב

9 Mittwoch • Jom Rewi'i ג

Aschermittwoch
Beginn der Passionszeit

10 Donnerstag • Jom Chamischi ד

11 Freitag • Jom Schischi ה

12 Samstag • SCHABBAT ו

Schabbat „**WaJikra** – Und er rief"
3.Mose 1,1 – 5,26;
Jesaja 43,21 – 44,23

13	**SONNTAG**	**Jom Rischon**	ד

Invocavit
1.Mose 3,1-19 (20-24)

7. ADAR – Moses Todestag
& Gedenktag für Verstorbene,
deren Todesort unbekannt ist

14	**Montag**	**Jom Scheni**	ה

15	**Dienstag**	**Jom Schlischi**	ט

16	**Mittwoch**	**Jom Rewi'i**	י

17	**Donnerstag**	**Jom Chamischi**	יא

Taanit Esther **– Esther-Fasten**
Esther 4,16 (vorverlegt)

18	**Freitag**	**Jom Schischi**	יב

19	**Samstag**	**SCHABBAT**	יג

Schabbat Sachor „**Zaw** – Befehle!"
3.Mose 6,1 – 8,36;
1.Samuel 15,1-34
(Jeremia 7,21 – 8,3; 9,22-23)

20 SONNTAG • Jom Rischon יד

Reminiscere
Matthäus 12, 38-42

PURIM – Buch Esther;
2.Mose 17,8-16

21 Montag • Jom Scheni טו

SCHUSCHAN-PURIM* Buch Esther;
Esther 9,18 *(*gefeiert in ummauerten Städten wie Jerusalem)*

22 Dienstag • Jom Schlischi טז

23 Mittwoch • Jom Rewi'i יז

24 Donnerstag • Jom Chamischi יח

25 Freitag • Jom Schischi יט

26 Samstag • SCHABBAT כ

Schabbat „**Schemini** – Am Achten"
3.Mose 9,1 – 11,47;
Hesekiel 36,16 – 38
(2. Samuel 6,1 – 7,17)

27	SONNTAG	Jom Rischon	כא

Okuli
Markus 12,41–44

28	Montag	Jom Scheni	כב

29	Dienstag	Jom Schlischi	כג

30	Mittwoch	Jom Rewi'i	כד

31	Donnerstag	Jom Chamischi	כה

1	Freitag	Jom Schischi	כו

2	Samstag	SCHABBAT	כז

Schabbat „**Tasria** – Wenn sie empfängt"
3.Mose 12,1 – 13,59;
Hesekiel 45,16 – 46,18
(2.Könige 4,42 – 5,18)

3	**SONNTAG** • **Jom Rischon**	**כח**

Lätare
Johannes 6,55-65

4	**Montag** • **Jom Scheni**	**כט**

5	**Dienstag** • **Jom Schlischi**	**א**

6	**Mittwoch** • **Jom Rewi'i**	**ב**

7	**Donnerstag** • **Jom Chamischi**	**ג**

8	**Freitag** • **Jom Schischi**	**ד**

9	**Samstag** • **SCHABBAT**	**ה**

Schabbat „**Mezora** – Den Aussätzigen"
3.Mose 14,1 – 15,33;
2.Könige 7,3-20

10	**SONNTAG**	●	**Jom Rischon**	ו

Judika
1.Mose 22,1-13

11	**Montag**	●	**Jom Scheni**	ז

12	**Dienstag**	●	**Jom Schlischi**	ח
13	**Mittwoch**	●	**Jom Rewi'i**	ט
14	**Donnerstag**	●	**Jom Chamischi**	י
15	**Freitag**	●	**Jom Schischi**	יא
16	**Samstag**	●	**SCHABBAT**	יב

Schabbat HaGadol
„**Acharej Mot** – Nach dem Tod"
3.Mose 16,1 – 18,30;
Maleachi 3,4-24

17	**SONNTAG**	**Jom Rischon**	ג'

Palmarum (Palmsonntag)
Markus 14,3-9

Taanit-Bechorot, Erstgeborene-Fasten

SEDERABEND / Erew Pessach; *Zum festl. Mahl wird die Pessach-Haggada gelesen.*

18	**Montag**	**Jom Scheni**	ד'

1. PESSACH – Vollfeiertag
2.Mose 12,21-51;
4.Mose 28,19-25; Josua 5,2 – 6,1

19	**Dienstag**	**Jom Schlischi**	טו

2. PESSACH – Chol HaMoed (Halbfeiertag)
Beginn der Omer-Zählung
3.Mose 22,26 – 23,44; 4.Mose 28,19-25;
2.Könige 23,1-9, 21-25

20	**Mittwoch**	**Jom Rewi'i**	טז

3. PESSACH – Chol HaMoed
2.Mose 13,1-16
4.Mose 28,19-25

21	**Donnerstag**	**Jom Chamischi**	יז

Gründonnerstag /
Letztes Abendmahl Jesu
Markus 14, 17 – 26

4. PESSACH – Chol HaMoed
4.Mose 9,1-14
4.Mose 28,19-25

22	**Freitag**	**Jom Schischi**	יח

Karfreitag / Kreuzigung Jesu
Lukas 23, 33 – 49
„Es ist vollbracht"

5. PESSACH – Chol HaMoed
2.Mose 33,12-34,26
4.Mose 28,19-25

23	**Samstag**	**SCHABBAT**	יט

Karsamstag / Osternacht
Jona 2 / Jes. 26,13-14(15-18)19

Schabbat Chol HaMoed / **6. PESSACH**
2.Mose 33,12-34,26; 4.Mo. 28,19-25;
Hesekiel 36,37 – 37,14

24	SONNTAG	●	Jom Rischon	כ

Osterfest / Auferstehungsfest
Matthäus 28,1-10
Er ist auferstanden!

7. PESSACH – Chol HaMoed
2.Mose 13,17 – 15,26
4.Mo. 28,19-25; 2.Sam. 22,1-51

25	Montag	●	Jom Scheni	כא

Ostermontag
Lukas 24,36-45

8. PESSACH – Isru Chag, *(nur im Ausland)*
5.Mose 15,19 – 16,17;
Jesaja 10,32 – 12,6

26	Dienstag	●	Jom Schlischi	כב

27	Mittwoch	●	Jom Rewi'i	כג

28	Donnerstag	●	Jom Chamischi	כד

29	Freitag	●	Jom Schischi	כה

30	Samstag	●	SCHABBAT	כו

Schabbat „**Kedoschim** – Seid Heilige"
3.Mose 16,1-20,27;
Amos 9,7-15

1	SONNTAG	●	Jom Rischon	כז

Quasimodogeniti
Johannes 21,1-14

2	Montag	●	Jom Scheni	כח

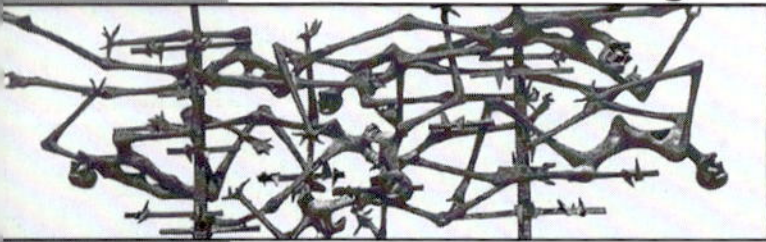

JOM HaSCHOA – Holocaust-Gedenktag 6 Millionen Juden vom NS-Regime ermordet (*verschoben)*

3	Dienstag	●	Jom Schlischi	כט

4	Mittwoch	●	Jom Rewi'i	ל

5	Donnerstag	●	Jom Chamischi	א

6	Freitag	●	Jom Schischi	ב

7	Samstag	●	SCHABBAT	ג

Schabbat „**Emor** – Sprich!"
3.Mose 21,1 – 24,23;
Hesekiel 44,15-31

8 SONNTAG • Jom Rischon ד

Miserikordias Domini
Hesekiel 34,1-2.(3-9) 10-16.31

9 Montag • Jom Scheni ה

JOM HaSIKKARON – Gefallenen-Gedenktag (*verschoben*)
(seit Staatsgründung 1948
über 22.685 Kriegs- und Terroropfer)

10 Dienstag • Jom Schlischi ו

JOM HaATZMA'UTH (*verschoben*)
Israels 63. Unabhängigkeitstag

11 Mittwoch • Jom Rewi'i ז

12 Donnerstag • Jom Chamischi ח

13 Freitag • Jom Schischi ט

14 Samstag • SCHABBAT י

Schabbat „**BeHar** – Auf dem Berg"
3.Mose 25,1 – 26,2;
Jeremia 32,6-27

15	**SONNTAG** ● **Jom Rischon**	י"א

Jubilate
Johannes 16,16.(17-19) 20-23a

16	**Montag** ● **Jom Scheni**	י"ב

17	**Dienstag** ● **Jom Schlischi**	י"ג

18	**Mittwoch** ● **Jom Rewi'i**	י"ד

19	**Donnerstag** ● **Jom Chamischi**	ט"ו

20	**Freitag** ● **Jom Schischi**	ט"ז

21	**Samstag** ● **SCHABBAT**	י"ז

Schabbat „**BeChukkotai** – In meinen Gesetzen"
3.Mose 26,3 – 27,34;
Jeremia 16,19 – 17,14

22	SONNTAG	●	Jom Rischon	ח'

Kantate
Matthäus 21,14-17 (18-22)

Lag Ba'Omer –
33. Tag in der Omerzählung
(Das Ende der Pest z.Zt. Akivas wird gefeiert)

23	Montag	●	Jom Scheni	ט'

24	Dienstag	●	Jom Schlischi	כ

25	Mittwoch	●	Jom Rewi'i	כא

26	Donnerstag	●	Jom Chamischi	כב

27	Freitag	●	Jom Schischi	כג

28	Samstag	●	SCHABBAT	כד

Schabbat „BaMidbar – In der Wüste"
4.Mose 1,1 – 4,20;
Hosea 2,1-22

29 **SONNTAG** • **Jom Rischon** כה

Rogate
Lukas 11,5-13

JOM JERUSCHALAJIM –
44. Befreiungstag Jerusalems
(wiedervereint seit 1967)

30 **Montag** • **Jom Scheni** כו

31 **Dienstag** • **Jom Schlischi** כז

1 **Mittwoch** • **Jom Rewi'i** כח

2 **Donnerstag** • **Jom Chamischi** כט

Christi Himmelfahrt
1.Könige 8,22-24.26-28

3 **Freitag** • **Jom Schischi** א

4 **Samstag** • **SCHABBAT** ב

Schabbat „Nasso – Erhebe"
4.Mose 4,21 – 7,89;
Richter 13,2-25

5	SONNTAG	Jom Rischon	ג

Exaudi
Johannes 7,37-39

6	Montag	Jom Scheni	ד

7	Dienstag	Jom Schlischi	ה

Erew SCHAWUOT

8	Mittwoch	Jom Rewi'i	ו

SCHAWUOT – Thoragebung (urchr. Pfingsten; 2.Mose 19,1 – 20,23; 4.Mose 28,26-31; Hes. 1,1-28; 3,12

9	Donnerstag	Jom Chamischi	ז

2. SCHAWUOT –
(Isru Chag, im Ausland)

10	Freitag	Jom Schischi	ח

11	Samstag	SCHABBAT	ט

Schabbat „BeHalotecha – Wenn du sie aufsetzt"
4.Mose 8,1-12,16;
Sacharja 2,14 – 4,7

12	SONNTAG	●	Jom Rischon	י

Pfingstfest
Johannes 16,5-15

13	Montag	●	Jom Scheni	יא

Pfingstmontag
1.Mose 11,1-9

14	Dienstag	●	Jom Schlischi	יב

15	Mittwoch	●	Jom Rewi'i	יג

16	Donnerstag	●	Jom Chamischi	יד

17	Freitag	●	Jom Schischi	טו

18	Samstag	●	SCHABBAT	טז

Schabbat „Schlach Lecha – Sende Dir"
4.Mose 13,1 – 15,41;
Josua 2,1-24

19 **SONNTAG** • **Jom Rischon** **יד**

Trinitatis
Jesaja 6,1-13

20 **Montag** • **Jom Scheni** **יח**

21 **Dienstag** • **Jom Schlischi** **יט**

22 **Mittwoch** • **Jom Rewi'i** **כ**

23 **Donnerstag** • **Jom Chamischi** **כא**

Fronleichnam

24 **Freitag** • **Jom Schischi** **כב**

Johannistag

25 **Samstag** • **SCHABBAT** **כג**

Schabbat „Korach"
4.Mose 16,1 – 18,32;
1.Samuel 11,14 –12,22

26 **SONNTAG** • **Jom Rischon** כד

1. So. nach Trinitatis
Johannes 5,39-47

27 **Montag** • **Jom Scheni** כה

28 **Dienstag** **Jom Schlischi** כו

29 **Mittwoch** **Jom Rewi'i** כז

30 **Donnerstag** • **Jom Chamischi** כח

1 **Freitag** • **Jom Schischi** כט

2 **Samstag** • **SCHABBAT** ל

Schabbat „**Chukkat** – Satzung"
4.Mose 19,1 – 22,1;
Jesaja 66,1-24

3	**SONNTAG**	Jom Rischon	א
4	Montag	Jom Scheni	ב
5	Dienstag	Jom Schlischi	ג
6	Mittwoch	Jom Rewi'i	ד
7	Donnerstag	Jom Chamischi	ה
8	Freitag	Jom Schischi	ו
9	Samstag	**SCHABBAT**	ז

3 SONNTAG • Jom Rischon א

2. So. nach Trinitatis
Matthäus 22,1-14

4 Montag • Jom Scheni ב

5 Dienstag • Jom Schlischi ג

6 Mittwoch • Jom Rewi'i ד

7 Donnerstag • Jom Chamischi ה

8 Freitag • Jom Schischi ו

9 Samstag • SCHABBAT ז

Schabbat „Balak"
4.Mose 22,2 – 25,9;
Micha 5,6 – 6,8

10	SONNTAG • Jom Rischon	ח

3. So. nach Trinitatis
Lukas 15,1-3.11b-32

11	Montag • Jom Scheni	ט

12	Dienstag • Jom Schlischi	י

13	Mittwoch • Jom Rewi'i	י״א

14	Donnerstag • Jom Chamischi	י״ב

15	Freitag • Jom Schischi	י״ג

16	Samstag • SCHABBAT	י״ד

Schabbat „Pinchas"
4.Mose 25,10 – 30,1;
1.Könige 18,46 – 19,21

17 **SONNTAG** • **Jom Rischon** **טו**

4. So. nach Trinitatis
1.Mose 50,15-21

18 **Montag** • **Jom Scheni** **טז**

19 **Dienstag** • **Jom Schlischi** **יז**

17. Tammus–Fasten
Einsturz der Jerusalemer Mauer
z.Zt. des 2. Tempels, 70 n. Chr.

20 **Mittwoch** • **Jom Rewi'i** **יח**

21 **Donnerstag** • **Jom Chamischi** **יט**

22 **Freitag** • **Jom Schischi** **כ**

23 **Samstag** • **SCHABBAT** **כא**

Schabbat „**Matot** – Stämme"
4.Mose 30,2 – 32,42;
Jeremia 1,1-2,3

24 **SONNTAG** • **Jom Rischon** כב

5. So. nach Trinitatis
Johannes 1,35-42

25 **Montag** • **Jom Scheni** כג

26 **Dienstag** • **Jom Schlischi** כד

27 **Mittwoch** • **Jom Rewi'i** כה

28 **Donnerstag** • **Jom Chamischi** כו

29 **Freitag** • **Jom Schischi** כז

30 **Samstag** • **SCHABBAT** כח

Schabbat
„**Massaej** – Wanderungen"
4.Mose 33,1 – 36,13;
Jeremia 2,4-28; 3,4

31	SONNTAG	●	Jom Rischon	כט

6. So. nach Trinitatis
5.Mose 7,6-12

1	Montag	●	Jom Scheni	א

2	Dienstag	●	Jom Schlischi	ב

3	Mittwoch	●	Jom Rewi'i	ג

4	Donnerstag	●	Jom Chamischi	ד

5	Freitag	●	Jom Schischi	ה

6	Samstag	●	SCHABBAT	ו

Schabbat Chason
„Dewarim – Worte"
5.Mose 1,1 – 3,22; Jesaja 1,1-27

7	SONNTAG • Jom Rischon	ד

7. So. nach Trinitatis
Johannes 6,30-35

8	Montag • Jom Scheni	ח

9	Dienstag • Jom Schlischi	ט

Tischa BeAw (9. Aw)-Fasten
Trauer um die Zerstörung des
1. und 2. Jerusalemer Tempels

10	Mittwoch • Jom Rewi'i	י

11	Donnerstag • Jom Chamischi	י"א

12	Freitag • Jom Schischi	י"ב

13	Samstag • SCHABBAT	י"ג

Schabbat Nachamu
„WaEtchanan – Und ich flehte"
5.Mose 3,23 – 7,11; Jesaja 40,1-26

14 **SONNTAG** • **Jom Rischon** יד

8. So. nach Trinitatis
Jesaja 2,1-5

15 **Montag** • **Jom Scheni** טו

Tu BeAw – Fest der Liebe

16 **Dienstag** • **Jom Schlischi** טז

17 **Mittwoch** • **Jom Rewi'i** יז

18 **Donnerstag** • **Jom Chamischi** יח

19 **Freitag** • **Jom Schischi** יט

20 **Samstag** • **SCHABBAT** כ

Schabbat „**Ekew** – Sobald"
5.Mose 7,12 – 11,25;
Jesaja 49,14 – 51,3

21 **SONNTAG** • **Jom Rischon** כא

9. So. nach Trinitatis
Matthäus 7,24-27

22 **Montag** • **Jom Scheni** כב

23 **Dienstag** • **Jom Schlischi** כג

24 **Mittwoch** • **Jom Rewi'i** כד

25 **Donnerstag** • **Jom Chamischi** כה

26 **Freitag** • **Jom Schischi** כו

27 **Samstag** • **SCHABBAT** כז

Schabbat „**Re'eh** – Siehe!"
5.Mose 11,26 – 16,17;
Jesaja 54,11 – 55,5

28	SONNTAG • Jom Rischon	כח

10. So. nach Trinitatis / ISRAEL-SONNTAG; Johannes 2,13-22

29	Montag • Jom Scheni	כט

30	Dienstag • Jom Schlischi	ל

31	Mittwoch • Jom Rewi'i	א

1	Donnerstag • Jom Chamischi	ב

2	Freitag • Jom Schischi	ג

3	Samstag • SCHABBAT	ד

Schabbat „Schoftim – Richter"
5.Mose 16,18 – 21,9;
Jesaja 51,12 – 52,12

4	SONNTAG • Jom Rischon	ה

11. So. nach Trinitatis
Matthäus 21,28-32

5	Montag • Jom Scheni	ו

6	Dienstag • Jom Schlischi	ז

7	Mittwoch • Jom Rewi'i	ח

8	Donnerstag • Jom Chamischi	ט

9	Freitag • Jom Schischi	י

10	Samstag • SCHABBAT	י"א

Schabbat „Ki Teze – Wenn du ziehst"
5.Mose 21,10 – 25,19;
Jesaja 54,1-10

11	**SONNTAG** ● Jom Rischon		י"ב

12. So. nach Trinitatis
Jesaja 29,17-24

12	**Montag** ● Jom Scheni		י"ג

13	**Dienstag** ● Jom Schlischi		י"ד
14	**Mittwoch** ● Jom Rewi'i		ט"ו
15	**Donnerstag** ● Jom Chamischi		ט"ז
16	**Freitag** ● Jom Schischi		י"ז
17	**Samstag** ● SCHABBAT		י"ח

Schabbat „**Ki Tawo** – Wenn du kommst"
5.Mose 26,1 – 29,8;
Jesaja 60,1-22

18	SONNTAG • Jom Rischon	י"ט

13. So. nach Trinitatis
Markus 3,31-35

19	Montag • Jom Scheni	כ

20	Dienstag • Jom Schlischi	כא

21	Mittwoch • Jom Rewi'i	כב

22	Donnerstag • Jom Chamischi	כג

23	Freitag • Jom Schischi	כד

24	Samstag • SCHABBAT	כה

Schabbat „Nitzawim & WaJelech – Ihr steht & Und er ging"
5.Mose 29,9 – 31,1-30;
Jesaja 61,10 – 63,9

25 SONNTAG • Jom Rischon כה

14. So. nach Trinitatis
Markus 1,40-45

26 Montag • Jom Scheni כו

27 Dienstag • Jom Schlischi כז

28 Mittwoch • Jom Rewi'i כט

Erew ROSCH HASCHANA
(jüd. Neujahrsvorabend)

29 Donnerstag • Jom Chamischi א

Michaelistag

ROSCH HASCHANA –
Jüdisches NEUJAHR 5772
1.Mose 21,1-34; 4.Mose 29,1-6;
1.Samuel 1,1 – 2,10

30 Freitag • Jom Schischi ב

2. ROSCH HASCHANA 5772
1.Mose 22,1-24; 4.Mose 29,1-6;
Jeremia 31,1-19

1 Samstag • SCHABBAT ג

Schabbat Schuwa „**Ha'asinu** – Höret!"
5.Mose 32,1-52;
Hosea 14,2-10; Joel 2,15-17

2	SONNTAG • Jom Rischon	ד

ERNTEDANKFEST / 15. So. nach Trinitatis
Jesaja 58,7-12
Lukas 18,28-30

Gedalja–Fasten
Jeremia 40 – 41; Sacharja 8,19
(verschoben)

3	Montag • Jom Scheni	ה

Tag der Deutschen Einheit

4	Dienstag • Jom Schlischi	ו

5	Mittwoch • Jom Rewi'i	ז

6	Donnerstag • Jom Chamischi	ח

7	Freitag • Jom Schischi	ט

Erew JOM KIPPUR
(*Kol Nidre*; Fastenbeginn 1 Std.
vor Sonnenuntergang)

8	Samstag • SCHABBAT	י

JOM KIPPUR – Versöhnungstag (Fasten)
Buch Jona; 3.Mose 16,1-34;
4.Mose 29,7-11; Jesaja 57,14 – 58,14;
3.Mose 18,1-30; Micha 7,18-20

9 SONNTAG Jom Rischon י"א

16. So. nach Trinitatis
Klagelieder 3,22-26.31-32

10 Montag Jom Scheni י"ב

11 Dienstag Jom Schlischi י"ג

12 Mittwoch Jom Rewi'i י"ד

Erew SUKKOT

13 Donnerstag Jom Chamischi ט"ו

SUKKOT – Laubhüttenfest
3.Mose 22,26 – 23,44;
4.Mose 29,12-16; Sacharja 14,1-21

14 Freitag Jom Schischi ט"ז

2. SUKKOT – Chol HaMoed
(Halbfeiertag)
4.Mose 29,17-19; 1.Kön. 8,2-21

15 Samstag SCHABBAT י"ז

Schabbat Chol HaMoed (3. SUKKOT)
2.Mose 33,12 – 34,26; 4.Mo. 29,20-22;
Hesekiel 38,18 – 39,16

16	**SONNTAG**	●	**Jom Rischon**	**יח**

17. So. nach Trinitatis
Markus 9,17-27

4. SUKKOT – Chol HaMoed
4.Mose 29,23-25

17	**Montag**	●	**Jom Scheni**	**יט**

5. SUKKOT – Chol HaMoed
4.Mose 29,26-28

18	**Dienstag**	●	**Jom Schlischi**	**כ**

6. SUKKOT – Chol HaMoed
4.Mose 29,29-31

19	**Mittwoch**	●	**Jom Rewi'i**	**כא**

7. SUKKOT – Hoschana Raba
4.Mose 29,32-34

20	**Donnerstag**	●	**Jom Chamischi**	**כב**

SCHEMINI-ATZERET / SIMCHAT THORA
(In Israel beides an einem Tag)
4.Mose 29,35 – 30,1; Josua 1,1-18;
5.Mose 33,1 – 34,12; 1.Mose 1,1 – 2,3

21	**Freitag**	●	**Jom Schischi**	**כג**

SIMCHAT THORA – Fest der Gesetzesfreude; Thora-Ende und -Neubeginn
(Isru Chag; im Ausland)

22	**Samstag**	●	**SCHABBAT**	**כד**

Schabbat „**Bereschit** – Am Anfang"
1.Mose 1,1 – 6,8;
Jesaja 42,5 – 43,11

23	SONNTAG	Jom Rischon	כה

18. So. nach Trinitatis
Markus 10,17-27

24	Montag	Jom Scheni	כו

25	Dienstag	Jom Schlischi	כז

26	Mittwoch	Jom Rewi'i	כח

27	Donnerstag	Jom Chamischi	כט

28	Freitag	Jom Schischi	ל

29	Samstag	SCHABBAT	א

Schabbat „Noah"
1.Mose 6,9 – 11,32;
Jesaja 66,1-24

30	**SONNTAG**	●	**Jom Rischon**	ב

19. So. nach Trinitatis
Markus 1,32-39

31	**Montag**	●	**Jom Scheni**	ג

Reformationstag
Matthäus 10,26b-33

1	**Dienstag**	●	**Jom Schlischi**	ד

Allerheiligen

2	**Mittwoch**	●	**Jom Rewi'i**	ה

3	**Donnerstag**	●	**Jom Chamischi**	ו

4	**Freitag**	●	**Jom Schischi**	ז

Beginn der Gebete für Regen

5	**Samstag**	●	**SCHABBAT**	ח

Schabbat „**Lech Lecha** – Ziehe hin!"
1.Mose 12,1 – 17,27;
Jesaja 40,27 – 41,16

6	SONNTAG	Jom Rischon	ט

Drittletzter So. des Kirchenjahres
Lukas 11,14-23

7	Montag	Jom Scheni	י

8	Dienstag	Jom Schlischi	י"א

9	Mittwoch	Jom Rewi'i	י"ב

10	Donnerstag	Jom Chamischi	י"ג

11	Freitag	Jom Schischi	י"ד

12	Samstag	SCHABBAT	ט"ו

Schabbat „Wa'Jera – Und er erschien"
1.Mose 18,1 – 22,24;
2.Könige 4,1-37

13	SONNTAG ● Jom Rischon	טו

Vorletzter So. des Kirchenjahres
Volkstrauertag
Lukas 16,1-8(9)

14	Montag ● Jom Scheni	יז

15	Dienstag ● Jom Schlischi	יח

16	Mittwoch ● Jom Rewi'i	יט

Buß- und Bettag
Matthäus 12,(33-35)36-37

17	Donnerstag ● Jom Chamischi	כ

18	Freitag ● Jom Schischi	כא

19	Samstag ● SCHABBAT	כב

Schabbat „Chaje Sarah – Sarahs Leben"
1.Mose 23,1 – 25,18;
1.Könige 1,1-31

20	SONNTAG	Jom Rischon	כג

Ewigkeitssonntag / Letzter So. des Kirchenjahres
Lukas 12,42-48

21	Montag	Jom Scheni	כד

22	Dienstag	Jom Schlischi	כה

23	Mittwoch	Jom Rewi'i	כו

24	Donnerstag	Jom Chamischi	כז

25	Freitag	Jom Schischi	כח

26	Samstag	SCHABBAT	כט

Schabbat „**Toledoth** – Geschlechtsregister"
1.Mose 25,19 – 28,9;
1.Samuel 20,18-42
(Maleachi 1,1 – 2,7)

27 **SONNTAG** ● **Jom Rischon** א

1. Advent
Offenbarung 5,1-5 (6-14)

28 **Montag** ● **Jom Scheni** ב

29 **Dienstag** ● **Jom Schlischi** ג

30 **Mittwoch** ● **Jom Rewi'i** ד

1 **Donnerstag** ● **Jom Chamischi** ה

2 **Freitag** ● **Jom Schischi** ו

3 **Samstag** ● **SCHABBAT** ז

Schabbat „**Wa'Jeze** – Und er zog aus"
1.Mose 28,10 – 32,3;
Hosea 12,13 – 14,10

4	SONNTAG	Jom Rischon	ח

2. Advent
Jes. 63,15-16(17-19a)
19b; 64,1-3

5	Montag	Jom Scheni	ט

6	Dienstag	Jom Schlischi	י

7	Mittwoch	Jom Rewi'i	י״א

8	Donnerstag	Jom Chamischi	י״ב

9	Freitag	Jom Schischi	י״ג

10	Samstag	SCHABBAT	י״ד

Schabbat „Wa'Jischlach – Und er schickte"
1.Mose 32,4 – 36,43;
Hosea 11,7 – 12,12

11	SONNTAG	Jom Rischon	טו

3. Advent
Römer 15,4-13

12	Montag	Jom Scheni	טז

13	Dienstag	Jom Schlischi	יז

14	Mittwoch	Jom Rewi'i	יח

15	Donnerstag	Jom Chamischi	יט

16	Freitag	Jom Schischi	כ

17	Samstag	SCHABBAT	כא

Schabbat „Wa'Jeschew – Und er wohnte"
1.Mose 37,1 – 40,23;
Amos 2,6 – 3,8

18 SONNTAG • Jom Rischon כב

4. Advent
2. Korinther 1,18-22

19 Montag • Jom Scheni כג

20 Dienstag • Jom Schlischi כד

**) Das Chanukkalicht wird immer schon am Vorabend angezündet.*

21 Mittwoch • Jom Rewi'i כה

CHANUKKA – 1. Licht*)
4.Mose 7,1-17

22 Donnerstag • Jom Chamischi כו

CHANUKKA – 2. Licht*)
4.Mose 7,18-23

23 Freitag • Jom Schischi כז

CHANUKKA – 3. Licht*)
4.Mose 7,24-29

24 Samstag • SCHABBAT כח

HEILIGER ABEND
Jes. 9,1-6
Christnacht
Jes. 7,10-14

Schabbat „**Mikkez** – Nach Ablauf"
CHANUKKA – 4. Licht*)
1.Mose 41,1 – 44,17; 4.Mo. 7,30-35
Sacharja 2,14 – 4,7

25	SONNTAG	Jom Rischon	כט

1. WEIHNACHTSFEIERTAG / CHRISTFEST
1.Johannes 3,1-6

CHANUKKA – 5. Licht*)
4.Mose 7,36-41

26	Montag	Jom Scheni	ל

2. CHRISTFESTTAG
Offb. 7,9-12.(13-17)

CHANUKKA – 6. Licht*)
4.Mose 7,42-47

27	Dienstag	Jom Schlischi	א

CHANUKKA – 7. Licht*)
4.Mose 7,48-53

28	Mittwoch	Jom Rewi'i	ב

CHANUKKA – 8. Licht*)
4.Mose 7,54-8,4

29	Donnerstag	Jom Chamischi	ג

30	Freitag	Jom Schischi	ד

31	Samstag	SCHABBAT	ה

ALTJAHRSABEND
2.Mose 13,20-22

Schabbat „Wa'Jigasch – Und er trat heran"
1.Mose 44,18 – 47,27;
Hesekiel 37,15-28

„Wie benutze ich den jüdisch-christlichen Kalender?"

Am rechten Rand finden Sie die Datumszahlen in hebräischen Buchstaben. Jeder Monat beginnt zum Neumond (Rosch Chodesch) mit Alef א. In der Bibel werden Tage, Monate und Jahre nach ihrer Reihenfolge benannt. Sonntag heißt Jom Rischon (1.Tag) – bis hin zu Freitag, Jom Schischi (6.Tag). Nur der jüdische und biblische Ruhetag (7. Tag) hat den Eigennamen Schabbat. Nach der Rückkehr aus der Babylonischen Gefangenschaft (536 v.Chr.) erhielten die Monate aramäische Eigennamen (Nissan, Ijjar, Tammus, Tischri usw.), die bis heute gültig sind. Tage und Feste beginnen am Vorabend (Erew), denn es heißt: „Es wurde Abend und Morgen, der erste Tag". Zum Schabbat finden Sie die jeweiligen Wochenlesungen (Paraschat HaSchawua; nachzulesen in Nehemia 8,8), 54 Bibelabschnitte aus den fünf Büchern Mose (Thora), sowie die Prophetenauszüge (Haftara). Die hier angegebenen Lesungen folgen der in Israel gültigen aschkenasischen (europäisch-jüdischen) Ordnung.

An den siebentägigen Wallfahrtsfesten Pessach und Sukkot sind die ersten und letzten Tage Vollfeiertage mit Arbeitsverbot, die Tage dazwischen sind Halbfeiertage (Chol HaMoed). Die Feste erhalten in der Diaspora einen zusätzlichen Tag (Isru Chag). Die jüdisch-religiösen Feiertage richten sich nach der jüdischen Zeitrechnung (d.h. seit der Weltschöpfung im Jahre 3760/61 v. Chr.). Dies gilt auch für Israels neuzeitliche Nationalfeiertage, wie z.B. den Holocaustgedenktag (Jom HaSchoa) oder den Unabhängigkeitstag (Jom HaAtzma'ut).

Der biblische Kalender war ein rein lunarer Kalender, doch heute haben wir den jüdischen Kalender, der ein luna-solarer Kalender ist, der sich an den Mondphasen (Monate) und am Sonnenzyklus (Jahre) orientiert. Ein normales biblisches 12-monatiges Mondjahr hatte nur 354/5 Tage. Zur Angleichung an das 365-tägige Sonnenjahr wurde das Schaltjahr eingeführt, so dass die an den Jahreszeiten ausgerichteten Feiertage zur vorgeschriebenen Zeit stattfinden können. **Dieses Jahr, 5771, ist ein Schaltjahr, es hat 13 Monate!**

Im christlichen Teil finden Sie auf der linken Seite die entsprechende Perikopenreihe des Kirchenjahres, vom 1. Advent 2010 bis zum Ewigkeitssonntag (20. November 2011). In diesem Jahr bildet die Perikopenreihe III die Grundlage der Predigt.

	2011	2012
PURIM	20. März	8. März
PESSACH	19. – 25. April	7. – 13. April
JOM HASCHOA	2. Mai	19. April
JOM HAATZMA'UT	10. Mai	26. April
JOM JERUSCHALAJIM	1. Juni	20. Mai
SCHAWUOT	8. – 9. Juni	27. – 28. Mai
ROSCH HASCHANA	29. – 30. September	17. – 18. September
JOM KIPPUR	8. Oktober	26. September
SUKKOT	13. – 19. Oktober	1. – 7. Oktober
CHANUKKA	21. – 28. Dezember	9. – 16. Dezember

ISRAEL in Zahlen

- Israels Bevölkerung zählte zum 62. Unabhängigkeitstag 2010 7.587.000 Staatsbürger. Das ist ein Bevölkerungszuwachs von 1,8% innerhalb eines Jahres. 5.726.000 sind Juden (75,5%; im Jahr 2001 waren es noch 81%), 1.548.000 Araber (20,4%; 2001: 15%) und 313.000 andere Konfessionen (2,1% Christen – 154.500, davon sind 81% christliche Araber, 1,8% Drusen und Sonstige). Mehr als 71% der jüdischen Bevölkerung sind Sabras – in Israel geboren (bei der Staatsgründung waren es nur 35%). Die Wachstumsrate bei der jüdischen Bevölkerung beträgt 3,2% und bei den Moslems 3,8%.

- Die Hauptstadt Jerusalem ist mit seinen 763.600 Stadtbewohnern Israels größte Stadt, hier leben genau zwei Drittel (66%) Juden und 34% Araber.

- Derzeit zählt man weltweit, inklusive Israel, 13,3 Mio. Juden. D.h. mehr als 7.670.000 Juden leben in der Diaspora. Zum ersten Mal zählte man mehr Juden in Israel (42% der Gesamtanzahl) als in den USA (5,27 Mio. Juden). In Frankreich sollen noch 485.000 Juden, in Kanada 375.000, in Großbritannien 293.000 und in Rußland 210.000 Juden leben.

- Im letzten Jahr (2009) reisten 14.567 Neueinwanderer nach Israel ein, 6% mehr als im selben Zeitraum im Jahr zuvor. 47% kamen aus den ehemaligen GUS-Staaten. Seit der Staatsgründung wanderten 3.508.655 Juden nach Israel ein, ein Drittel von ihnen in den Jahren 1990-1999.

- Die Einwohnerdichte lag im Jahr 2009 in Israel bei 330 Menschen pro Quadratkilometer.

- Der Bevölkerungszuwachs von 1,8% ist seit dem Jahr 2003 stabil. Im Jahr 2009 wurden 160.000 Babys geboren und 39.000 Menschen verstarben.

- Frauen leben länger: Durchschnittsalter bei Männern 79,1 Jahre und bei Frauen 83 Jahre.

● Israels Bruttoinlandsprodukt (BIP) betrug 2009 pro Einwohner 25.685 US$ (weltweit auf dem 40. Platz). Zum Vergleich: Deutschlands pro Kopf BIP lag bei 40.969 US$, Schweiz 63.552 US$.

● Das Jahr 2009 war kein Rekordjahr für den Tourismus, es kamen nur 2,7 Mio. Touristen nach Israel, eine Senkung um 8% gegenüber dem Vorjahr. Dies war teilweise dem Fernbleiben der Touristen in den ersten Monaten des Jahres wegen des Gazakrieges zuzuschreiben.

● Im Schuljahr 2009-10 lernten an 4096 Schulen aller Stufen insgesamt 1.484.834 Schüler. An hebräischen Schulen waren das 1.106.672 Kinder, aufgeteilt in staatliche Schulen (640.186), staatlich-religiöse Schulen (201.094), unabhängige Schulen (218.665) und an Talmud-Thora-Schulen (46.727) und an arabischen Schulen insgesamt 378.162 Kinder.

● Rückgang der Unfälle hält weiterhin an: Im Jahr 2009 gab es 284 tödliche Verkehrsunfälle (2008 waren es noch 345) mit insgesamt 314 Toten (2008: 412).

● Der Pegel des See Genezareth liegt derzeit auf -213,63m unter dem Meeresspiegel (Stand: Ende September 2010). Die Regenfälle des vergangenen Winters reichten nur aus, um das Wasserminus des vorherigen Winters aufzufüllen. Das Tote Meer stieg um 8 cm an, der bisher größte Anstieg in den letzten vier Jahren.

● Im Durchschnitt hat die israelische Frau 2,96 Kinder; die jüdischen Mütter 2,88 (gestiegen von 2,80) und die moslemischen Mütter 3,84 Kinder (gesunken; 2007=3,90 und 2006=3,97)

● Fläche: In seinen Grenzen seit dem Sechstagekrieg (Juni 1967) umfasst Israel, inkl. Judäa und Samaria (das sogenannte Westjordanland) mit 5633 km² und der Golanhöhen mit 1154 km² nun 27.778 km².

● Nach dem Rückzug aus dem Gazastreifen (Aug. 2005) und der Evakuierung von 21 Siedlungen, zählt man heute 123 jüdische Siedlungen im biblischen Kernland Judäa und Samaria.

Angaben des Israelischen Statistikbüros und des Jerusalem Instituts

Israels 9. Staatspräsident **Schimon PERES**

Schimon Peres ist seit Juni 2007 Israels neunter Staatspräsident. Er wurde 1923 in Weißrussland als Schimon Perski geboren und wanderte 1934 nach Israel aus. Schimon Peres ist verheiratet mit Sonja und hat eine Tochter und zwei Söhne. Seit der Staatsgründung ist Peres ein dominierender Teil des politischen Lebens in Israel. Als Schützling des ersten israelischen Ministerpräsidenten David Ben-Gurion, trat Peres 1948 in den Staatsdienst ein. Während des Unabhängigkeitskrieges war er für Waffenkäufe und Rekrutierung zuständig und kaufte u.a. den israelischen Atomreaktor von Frankreich. 1959 wurde Peres erstmals in das israelische Parlament, die Knesset (4. Knesset) gewählt. Seitdem übernahm er verschiedene Ministerämter, bis sein Parteikollege Jitzchak Rabin 1977 das Amt der sozialistischen Arbeiterpartei niederlegen musste und er so erstmals Parteichef wurde. Nachdem die Arbeiterpartei unter Rabin 1992 wieder an die Macht gelangte, wurde Peres zum Außenminister ernannt. Er gilt seitdem als Katalysator der Osloer Friedensverhandlungen (1993). Dafür erhielten Peres, Rabin und Arafat 1994 den Friedensnobelpreis. Peres war immer die Nummer Zwei, hauptsächlich hinter Rabin. So umstritten Peres während seiner politischen Karriere im Volk gewesen mag, so beliebt ist Peres heute als Israels Staatspräsident und Großvater beim Volk.

Israels 13. Ministerpräsident **Benjamin NETANJAHU**

Likudchef Benjamin Netanjahu war bereits von 1996 bis 1999 Israels Ministerpräsident. Nach über zehn Jahren in der Knessetopposition übernahm Netanjahu mit der rechtsorientierten Likudpartei im Februar 2009 zum zweiten Mal das Amt des Ministerpräsidenten. Netanjahu (dt. *von Gott gegeben*) ist für seine exzellente Redegewandtheit berühmt. Es gibt keinen, der Israel rhetorisch besser auf der internationalen Bühne verteidigt, als Bibi, so wie er in Israel genannt wird. 1984 vertrat er Israel als Botschafter in der UNO. Benjamins Vater Tzion Netanjahu war Professor für jüdische Geschichte und ehemaliger Herausgeber der Hebräischen Enzyklopädie. Sein älterer Bruder Jonathan kam in der israelischen Befreiungsoperation Entebbe 1976 ums Leben. Netanjahu ist grundsätzlich gegen einen unabhängigen Palästinenserstaat, aber gleichzeitig ist er auch politisch flexibel – er übergab während seiner ersten Zeit als Ministerpräsident den Palästinensern die Stadt der Erzväter (Hebron). Netanjahu wurde 1949 in Tel Aviv geboren. Er ist mit Sarah verheiratet und hat drei Kinder, zwei Söhne und eine Tochter aus erster Ehe.

ISRAELS 32. REGIERUNG
in der 18. Knesset

Ministerpräsident, Gesundheitsminister &
Minister für Wirtschaftsstrategie
Benjamin Netanjahu (Likud)

Vize-Ministerpräsident
& Minister für regionale
Projekte und Negev
Entwicklung
Silvan Shalom (Likud)

Vize-Ministerpräsident &
Minister für strategische
Angelegenheiten
Mosche Yaalon
(Likud)

Stellvertretender
Ministerpräsident &
Verteidigungsminister
Ehud Barak
(Arbeiterpartei)

Stellvertretender
Ministerpräsident &
Außenminister
Avigdor Liebermann
(Israel Beteinu)

Stellvertr. Minister-
präsident & Minister
für Geheimdienst und
Atomenergie
Dan Meridor (Likud)

Stellvertretender
Ministerpräsident &
Innenminister
Eli Ishai (Schass)

Finanzminister **Yuval Steinitz** (Likud)

Industrie- und Handelsminister **Benjamin Ben Elieser** (Arbeiterpartei)

Bau- und Wohnungsminister **Ariel Atias** (Schass)

Einwanderungsministerin **Sofa Landver** (Israel Beteinu)

Landwirtschaftsminister **Schalom Simchon** (Arbeiterpartei)

Min. für Kommunikation **Mosche Kachlon** (Likud)

Min. für Kultur u. Sport **Limor Livnat** (Likud)

Erziehungsminister **Gideon Saar** (Likud)

Justizminister **Yaakov Neemann** (parteilos)

Min. für Regierungsservice **Michael Eitan** (Likud)

Minister für die Diaspora **Yuli Edelstein** (Likud)

Umweltminister **Gilad Erdan** (Likud)

Min. für Interne Sicherheit **Yitzchak Aharonovitch** (Israel Beteinu)

Min. für Nationale Infrastruktur **Uzi Landau** (Israel Beteinu)

Tourismusminister **Stas Misezhnikov** (Israel Beteinu)

Verkehrsminister **Israel Katz** (Likud)

Religionsminister **Yaakov Margi** (Schass)

Minister **Avishai Bravermann** (Arbeiterpartei)

Min. **Zeev Benjamin Begin** (Likud)

Minister **Meschulam Nahari** (Schass)

Minister **Yossi Peled** (Likud)

Technologie- und Wissenschaftsminister **Daniel Herschkovitz** (Habeit Ha´Jehudi)

Arbeits- und Wohlfahrtsminister **Jitzchak Herzog** (Arbeiterpartei)

Kabinett: 30 Minister

Wusssten Sie, dass ...

... der weltweit bekannte und revolutionäre USB-Memory-Stick eine israelische Erfindung ist? Wer kennt nicht den **Disc-On-Key**? 1982 gründete Dov Moran seine Firma *M-Systems*, die den bekannten portablen Datenspeicher entwickelte. Fast jeder Computernutzer greift heute auf den USB-Stick zurück, wenn er Dateien bis zu mehreren Giga-Byte in die Hosentasche stecken will.

... die meisten Computersysteme weltweit durch die israelische „**Firewall**" geschützt sind? Wer mit dem Computer ins Internet geht, braucht eine Firewall, die gegen schädliche Daten, wie Viren, Spam oder Hackers schützt. Wer weiß aber schon, dass das meistverbreitete Schutzprogramm von Gil Shwed bei der israelischen Firma *Checkpoint* entwickelt wurde? Die Bezeichnung „Firewall", zu deutsch „Feuerwand", wurde der Bibelstelle in Sacharja 2,9 entnommen: „Und Ich werde ihm ringsherum eine feurige Mauer sein, spricht der HERR."

... die weltbekannten süßen **Cherry-Tomaten** eine israelische Entwicklung sind? Die kleinen, runden Tomaten, die sich gut als Beilage eignen und bei Kindern beliebt sind, wurden von einer israelischen Gruppe, angeführt von Prof. Nachum Kedar, 1973 in der Fakultät für Agrarwirtschaft in Rehovot gezüchtet.

... ein Gewehr, das „um die Ecke" schießen kann, in Israel entwickelt wurde? Es ist besonders im städtischen Kampf nützlich. Das Gewehr ermöglicht den Soldaten, um die Ecke zu schießen und so unentdeckt zu bleiben. Die Firma **Cornershot** mit Sitz in Yehud wurde von Amos Golan und Asaf Nadel gegründet. www.cornershot.com

NETANJAHU: PROFIL EINER AMTSZEIT

VIELE GEFAHREN, WENIGE OPTIONEN

Seid nicht eifersüchtig auf Israels Regierungschef Benjamin Netanjahu. Es gibt keinen Staatslenker, der sich mit so schicksalhaften Krisen auseinandersetzen muss, wie Netanjahu. In seiner zweiten Amtszeit als israelischer Ministerpräsident sieht er sich viel größeren Problemen

gegenüber als 1996 bis 1999. Selbst enge Berater, die ihn schon vor zehn Jahren begleitet haben, geben zu, dass die erste Amtszeit im Vergleich zur heutigen politischen Situation nur ein Kindergeburtstag war. „Netanjahu stürzte sich in ein Minenfeld", sagte Uzi Arad, Netanjahus Sicherheitsberater zu **israel heute**. Itamar Eichner, der politische Kommentator bei Israels größter Tageszeitung Jediot Achronot, zeichnet die politischen Zwickmühlen Netanjahus nach.

DIE VERHANDLUNGEN MIT DEN PALÄSTINENSERN

Ein Jahr, nachdem Netanjahu zum zweiten Mal Regierungschef wurde, gelang es den Amerikanern, die Palästinenser in die sogenannten Annäherungsgespräche mit Israel einzubinden. Dafür ist US-Vermittler George Mitchell verantwortlich. Die Palästinenser haben verstanden, dass sie mit der neuen US-Regierung unter Barack Obama bessere Chancen gegenüber Israel haben, als bei direkten Verhandlungen mit Benjamin Netanjahu. Den Palästinensern ist bewusst, dass in Washington ein neuer Präsident regiert. Einer, der mehr Verständnis für das Palästinenserproblem hat als für die Nöte des israelischen Staatschefs, der in den Augen der US-Demokraten als Friedensverweigerer und Schwindler verschrien

ECHTE FREUNDSCHAFT? Netanjahu und Obama, 2010

ist. In Bezug auf den Baustopp in Jerusalem stieß Obama auf unerwartete Konfrontationen mit Netanjahu, was schließlich die Position der Palästinenser stärkte. Netanjahu versuchte alles, um der neuen US Regierung deutlich zu machen, dass er zu wirklichen Friedenverhandlungen bereit ist.

Seine schwierigste Entscheidung hatte Netanjahu zum Jahreswechsel 2009/2010 zu treffen, als er zum ersten Mal die jüdische Bautätigkeit in allen Siedlungen im biblischen Kernland Judäa und Samaria für zehn Monate, nämlich bis September 2010, aussetzte. Aber was passiert danach? Sollte er den jüdischen Baustopp in Judäa und Samaria verlängern, legt er sich mit seinen rechtsorientierten Wählern und den jüdischen Siedlern an, denen er seine Wiederwahl verdankt. Washington und die EU würden so eine Entscheidung natürlich begrüßen. Sollte Netanjahu aber den Baustopp im September aufheben, dann befriedigt er damit zwar seine Wähler, verärgert aber die US-Regierung, die von Israel einen unbefristeteten Baustopp in den sogenannten besetzten Gebieten fordert. Solch eine

Entscheidung würde natürlich auch die EU verärgern, die die jüdischen Siedlungen als „Minen auf dem Weg zum Frieden“ betrachten. Welche Freundschaft ist Netanjahu wertvoller, die im Land, oder die aus dem Ausland?

Netanjahu muss zügige Fortschritte in den Verhandlungen mit den Palästinensern machen, um die Kollegen in seiner Regierungskoalition zu überzeugen, warum der Baustopp für den Verhandlungsverlauf wichtig war. Aber so, wie die Annäherungsgespräche derzeit laufen, haben die Palästinenser verstanden, dass Benjamin Netanjahu unter Druck steht. Deswegen spielen sie auf Zeit und gehen immer drei Schritte vorwärts und zwei zurück, dann bleibt für sie ein Schritt nach vorn. Palästinenserchef Mahmud Abbas hat beschlossen, Netanjahu in die Ecke zu drängen. Er lies verlauten, dass er bereit sei, die palästinensische Landfläche zu verdoppeln, die er gegen israelisches Gelände austauschen würde. Gegenüber Ehud Olmert waren die Palästinen-

MEHR RAKETEN ALS VOR DEM LETZTEN LIBANONKRIEG
Hisbollah rüstet sich massiv und qualitativ auf

ser bereit, 1,8 % der Palästinensergebiete auszutauschen, heute erklärt sich Abbas mit einem vierprozentigen Landwechsel einverstanden. Damit gewönne Netanjahu die Siedlerstadt Maale Adumim bei Jerusalem, nicht aber Ariel in Nordsamaria. Dieser brillante Schachzug von Mahmud Abbas ließ ihn vor der Weltöffentlichkeit kompromissbereit erscheinen.

Doch Abbas hofft nicht auf Netanjahus Zusage, sondern auf sein Nein. Was ihm Ehud Olmert und Zippi Livni hinterließen, bereitet Netanjahu nichts als Kopfschmerzen. Beide haben grundsätzlich Abzüge aus den Gebieten ausgearbeitet nach dem Muster: Israel zieht aus weiteren Gebieten ab und erhält dafür mehr Ruhe seitens der Palästinenser. Dieses Konzept hat sich jedoch nach dem Zweiten Libanonkrieg 2006 und mit der UN Resolution 1701 als völlig nutzlos erwiesen. Sobald Israel den Südlibanon verlassen hatte, strömten die Hisbollahs in die Pufferzone und brachten 70.000 Raketen in Stellung. Dagegen unternahmen die UNIFIL-Truppen bislang nichts. Israel räumte im Jahr 2005 den Gazastreifen und wurde prompt mit 8000 Kassam-Raketen vom Gazastreifen her beschossen.

„Für ein Stück Papier werde ich von keinem weiteren Gebieten abziehen", erklärte Ministerpräsident Netanjahu und betonte, dass bei einem endgültigen Friedensabkommen israelische Sicherheitskräfte am Jordan stationiert bleiben. Dies solle die Möglichkeit eines zweiten extremistischen Hamastan wie im Gazastreifen, diesmal an Israels Ostgrenze, verhindern. „Das sind Sicherheitsvorkehrungen, auf die wir nicht verzichten", erklärte Netanjahu.

Ferner betont Netanjahu immer wieder, dass Israels Hauptstadt Jerusalem niemals geteilt wird. Und hierin liegt der Kern des Konflikts. Seine Vorgänger haben den Palästinensern bereits die arabischen Wohnviertel im östlichen

Stadtteil versprochen. Netanjahu jedoch betrachtet diese als zum geeinten Jerusalem gehörig. Aber selbst sein Außenminister Avigdor Liebermann, der im Ausland einen Ruf als Rassist und Fanatiker hat, zeigte sich bereit, auf die arabischen Wohnviertel zu verzichten.

Netanjahu, der es auf den Schultern der nationalreligiösen Siedler zum Wahlsieg schaffte, wird es schwer haben, diese

Raketenmanöver in Iran

Bürger für eine Räumung Ostjerusalems und der jüdischen Siedlungen zu gewinnen. Aber andererseits hat Ariel Scharon ebenso das Unmögliche geschafft. Als geistiger Führer der jüdischen Siedlungspolitik räumte er schließlich den Gazastreifen. Und so können wir in Israels Politik erkennen, dass Israels rechtsorientierte Politiker eher schicksalhafte Entscheidungen treffen als die Linken, so wie 1978, als Menachem Begin (Likud) für den Frieden mit Ägypten die Sinaihalbinsel hergab.

Auch die Amerikaner verstehen, dass es mit Benjamin Netanjahu und seiner Mitte-Rechts-Mehrheit am ehesten zu einem Abkommen mit den Palästinensern kommen kann. Die Frage ist, ob Netanjahu den Mut für eine derart historische Entscheidung aufbringen kann. Jedenfalls will Netanjahu in die Geschichte eingehen als derjenige, der ein Friedensabkommen für sein Volk erworben hat.

DAS IRANISCHE ATOMPROGRAMM BEDROHT DIE GANZE WELT

Aus Sicht des israelischen Ministerpräsidenten Netanjahu ist die iranische atomare Bedrohung der eigentliche Krimi, nicht der Konflikt mit den Palästinensern. Aufgrund der lahmen internationalen Sanktionen gegen das iranische Atomprogramm wird sich Netanjahu eines Tages fühlen wie das holländische Kind, das mit bloßen Händen ein Loch im Deich stopfen will. Sobald klar wird, dass Obama den iranischen Atomprozess mit westlichen Sanktionen nicht stoppen kann, wird Netanjahu, so meinen verschiedene Sicherheitsexperten, einen israelischen Luftangriff befehlen. Netanjahu sagte immer wieder, er werde nicht zulassen, dass das jüdische Volk einem zweiten Holocaust ausgesetzt wird. Damit meint er das iranische Atomprogramm, das die jüdische Heimat in Eretz Israel vernichten könnte. Eine solche Entscheidung wäre die schwerste, die ein israelischer Staatsführer nur treffen kann. Niemand kann garantieren, dass ein israelischer Luftangriff auf den iranischen Atomreaktor so reibungslos vonstatten geht wie im Juni 1981 die von Begin befohlene Vernichtung des irakischen Atomreaktors. Im Gegensatz zum Irak damals haben die Iraner heute strategische Möglichkeiten, Israel schwer zu schaden.

Iran ist heute schon im Besitz von mehr als 900 Schahab-Raketen, die eine Reichweite von 2000 Kilometer ha-

EINER VON VIELEN: Nuklearreaktor in Bushehr, Iran

ben und jeden Punkt in Israel treffen können. Tausende Langstrecken-Raketen sind in den Händen der Hisbollah im Südlibanon. Syrien hat Scud-Raketen, und dann gibt es noch die Raketen aus dem Gazastreifen. Und innerhalb Israels warten schlummernde Terrorzellen, die nur auf den Befehl warten, Israel von innen anzugreifen. Darüber hinaus würde ein israelischer Angriff eine weltweite Welle der Rache gegen jüdische und israelische Einrichtungen auslösen. Würde Netanjahu sich also zu einer derartigen Entscheidung durchringen, wären diese Folgen mit zu berücksichtigen.

DER SYRISCHE DRAHT

Hier stoßen wir auf das syrische Dilemma. Ist es möglich, Syrien aus dem strategischen Bündnis mit dem fanatischen Iran heraus zu locken? Hochrangige Sicherheitsberater streben aus diesem Grund Verhandlungen mit Syrien an. Ein Friedensabkommen mit Syrien könnte die Verbindung des Landes mit

DIE ZWEI GESICHTER DER TÜRKEI: Premier Erdogan (l.) mit Irans Larijani

dem Iran abkühlen, dafür jedoch müsste Israel auf die Golanhöhen verzichten. Aber Netanjahu ist ein Mann mit Prinzipien. Für einen Fetzen Papier wird er nicht vom Golan abziehen. Der syrische Staatschef Baschar el-Assad weiß, wer sein Verhandlungspartner auf israelischer Seite ist. Aus diesem Grund verfolgt er eine hartnäckigere und radikalere Linie. Die Meldung, dass syrische Scud-Raketen in den Libanon transportiert wurden, hat in Jerusalem die Alarmglocken läuten lassen. Bereitet Syrien einen Krieg gegen Israel vor, oder ist dies eine Taktik, Israel an den Verhandlungstisch zu drängen?

Gemäß dem Code des Nahen Ostens, dass diejenigen, die Israels Feinde mit Waffen beliefern, selbst getroffen werden, tut sich für Netanjahu ein neues Dilemma auf: Sobald er die Raketenkonvois im Südlibanon oder Syrien angreift, riskiert er einen Krieg mit Syrien und der Hisbollah an Israels Nordgrenze. Und genau das wünschen sich die Iraner, einen Krieg im Nahen Osten, der die Aufmerksamkeit der Welt von der iranischen Aufrüstung ablenkt, denn die Iraner brauchen noch Zeit, um ihre Atomwaffen einsatzfähig zu machen.

DAS DILEMMA DER ISRAELISCHEN ABSCHRECKUNGSSTRATEGIE

Gegenüber der wachsenden Atomgefahr aus dem Iran und gegenüber den Bemühungen der Amerikaner, den Nahen Osten zur atomwaffenfreien Zone zu deklarieren, befindet sich Netanjahu in einem zusätzlichen Dilemma, nämlich wie er die Ungewissheit über Israels Atomwaffen weiterhin als wirksame

MEHR AUF ISRAEL FOKUSSIERT ALS AUF IRAN:
Israelischer Nuklearreaktor im Süden des Landes, Dimona

Abschreckung verwenden kann. Vielleicht muss Israel die Ungewissheit brechen und zugeben, dass es im Besitz von Atomwaffen ist. Vielleicht ist solch eine Stellungnahme Israels heute wichtig und würde den Iran vor Israel zurückschrecken lassen. Israel wäre im Falle einer atomwaffenfreien Zone im Nahen Osten ebenso unter Kontrolle ausländischer Beobachter. Doch das letzte, was Israel braucht, sind Beobachter der Internationalen Agentur für Energie und Atom im Atomreaktor in Dimona.

Daher hat ein atomwaffenfreier Naher Osten eine enge Verbindung zu den politischen Entwicklungen zwischen Israel und seinen Feinden. Wenn der Friedensprozess vorangeht, wird US-Präsident Obama nur noch schneller die atomwaffenfreie Zone fordern. Seine Begründung wäre die, dass Israel nun weniger Feinde habe und somit die Tür zu seinem Atomreaktor öffnen könne. Aber solange die Iraner die Welt an der Nase herum führen, wird Israel weiterhin die Strategie verfolgen, unausgesprochen als Atommacht zu gelten.

Israels Ministerpräsident Benjamin Netanjahu befindet sich in einer der schwierigsten Situationen seit der Gründung Israels 1948. Vielen Gefahren stehen wenige Optionen gegenüber. Es gibt keinen Raum, Fehler zu machen, und erst recht nicht, Schwäche zu zeigen.

Itamar Eichner,

politischer Kommentator bei Israels größter Tageszeitung

Jediot Achronot

WARUM soll man Israel segnen?

Ludwig SCHNEIDER

GOTT sprach zu Abram „Ich will segnen, die dich segnen" (1.Mose 12,3). Später, als aus Abram der Vater vieler Völker wurde, bekam er den Namen Abraham. So könnte man meinen, alle, die von Abraham abstammen, sind zwangsläufig Segensträger. Gott verhieß zwar, dass er Ismael, Abrahams Sohn von Hagar, mit einer zahlreichen Nachkommenschaft segnen wird, seinen ewigen Bund aber will Gott nur mit Abrahams Sohn Isaak bzw. dessen Sohn Jakob aufrichten, dem Gott den Namen Israel gab. Somit ist Israel der eigentliche Bundespartner Gottes und damit Gottes Segensträger.

Selbst der habgierige Bileam, der im Auftrag des heidnischen Königs Balak für viel Gold Israel fluchen sollte, konnte nicht anders, als Israel zu segnen, denn es heißt in 4.Mose 24,1-9: „Da Bileam erkannte, dass es des HErrn Wille ist, Israel zu segnen, kam der Geist Gottes über ihn und er sprach zu Israel: „Wer dich segnet, ist gesegnet!" Es ist also des HErrn Wille, Israel zu segnen, was Bileam dann auch tat als der Geist Gottes über ihn kam, d.h. wer wirklich den Geist Gottes hat, kann nicht anders als Israel zu segnen.

In dem hebräischen Satz „*baruch mevarachecha* – gesegnet ist der Segnende" liegt die hebräische Sprachwurzel *nivrechu*, was reflexiv zu verstehen ist, d.h.: wer Israel segnet, segnet sich reflexiv selber, denn er löst damit einen Reflex aus, einen geistlichen Mechanismus, womit er sich selber segnet.

Diese Sprachform gilt auch für *le'kalel*, d.h. wer Israel flucht, verflucht sich selber. Diese Reflexiv-Form findet man auch in dem Satz „Wer Israel antastet, der tastet seinen Augapfel an" (Sacharja 2,12). Damit ist nicht – wie fälschlich immer behauptet wird – Gottes Augapfel gemeint, wenn man Israel angreift, sondern das hebräische Wort „*eno*" bezieht sich hier, wie man es auch aus dem Kontext ersehen kann, reflexiv auf den eigenen Augapfel, womit gesagt wird: Wer Israel antastet, tastet damit seinen eigenen Augapfel an, macht sich damit reflexiv selber blind für die Wahrheit Gottes.

Wenn man es genau nimmt, ist Israel nicht von unserem Segen abhängig, denn Gottes Bund mit Israel ist ein ewiger Bund, heißt es doch in Richter 2,1: „Ich werde meinen Bund mit Israel in Ewigkeit nicht brechen" und in Jesaja 41,9 sagt der HErr: „Israel, mein Knecht, ich verwerfe dich nicht!", was Gott in Jeremia 31,35-37 bekräftigt: „So wenig die festen Ordnungen des Himmels und der Erde vergehen werden, so wenig werde ich die gesamte Nachkommenschaft Israels verwerfen wegen alles dessen, was sie begangen haben", d.h. trotz ihrer Verfehlungen hält Gott an seinem Bund mit Israel fest. Israel hat Gottes ewiggültige Garantie, nicht aber die Völker, da muss sich jeder einzelne wie Bileam dazu durchringen, Israel zu segnen, um dadurch gesegnet zu werden.

Paulus warnt sogar die nichtjüdischen Christen, die in den Baum der Verheißung hineingepfropft worden sind, dass sie nicht durch ihre Arroganz gegenüber den noch nicht an Jesus glaubenden Juden wieder aus dem Heilsbaum herausgerissen werden (Röm.11). Denn Arroganz hat die gleiche Konsequenz wie ein Fluch, denn auch hier tritt die Reflexform in Kraft, denn er verflucht sich damit selber.

Es bleibt dabei, wer Israel segnet, segnet sich reflexiv selber und wer Israel nicht segnet, beraubt sich selber des Segens, den Gott denen verheißen hat, die sein Volk Israel segnen.

Wird es einen DRITTEN TEMPEL GEBEN?

Ludwig SCHNEIDER

In Jerusalem gibt es 1204 Synagogen. Nur wenige davon sind so repräsentabel wie die Große Synagoge oder die Belzer Synagoge, die anderen sind mehr oder weniger klein. Dafür gibt es an fast jeder Ecke eine, damit die Gottesdienstbesucher am Schabbat leicht zu Fuß zur Synagoge gehen können, da das Autofahren am Ruhetag verboten ist.

Als am 15. März 2010 in Jerusalem die Hurva-Synagoge eingeweiht wurde, wollten die Araber Jerusalem stürmen, um den Tempelplatz vor den Juden zu retten. Was ist das Besondere an Jerusalems 1205ter Synagoge? Warum riefen die Moslems nicht auch bei den anderen Synagogen zum Heiligen Krieg auf? Liegt es etwa daran, dass die Araber die Vision kennen, die an die dritte Neueinweihung der Hurva-Synagoge geknüpft ist? Würden sie dieser Verheißung nicht glauben, hätte die Einweihung der Hurva-Synagoge sie nicht so in Rage gebracht. Das bedeutet, die Araber glauben den Israel gegebenen Verheißungen vielleicht mehr als viele Israelis.

Hurva-Synagoge (r.) vor 1948

Weil die Neueinweihung der Hurva-Synagoge mit dem Bau des Dritten Tempels zu tun hat, ist es wichtig, sich zuerst mit der Hurva-Geschichte und ihrer Neueinweihung zu befassen.

Im Jahr 1585 konfiszierte der Mufti von Jerusalem (religiöses Oberhaupt der Moslems) eine von Rabbi Mosche ben Nachman (Ramban) gegründete Synagoge, die auf einem Mikwe-Becken aus der Zeit des Zweiten Tempels stand, um daraus eine Moschee zu machen. Daraufhin zogen sich die wenigen Juden, die damals in Jerusalem lebten, auf den angrenzenden Ruinenhof zurück. Auch die nach der Judenverfolgung aus der Ukraine, Polen, Russland und Deutschland von 1648 bis 1681 eingewanderten Juden ließen sich unter Führung von Jehuda Chassid aus Stettin auf dem Ruinenfeld nieder, das neben ihrer von Moslems enteigneten Synagoge lag.

1701 bauten 300 Juden auf dem Ruinengrundstück eine Synagoge. Als kurz danach ihr Rabbiner starb, zogen sich viele Sponsoren zurück, so dass die Gemeinde ihre Bauschulden nicht mehr bezahlen konnte. Daraufhin steckten die arabischen Bauarbeiter, denen man noch Geld schuldete, an einem Schabbat 1720 die Synagoge in Brand. Danach gab es keine Juden und auch kein jüdisches Gotteshaus mehr in Jerusalem.

Einige Zeit später meldete sich der Gaon von Wilna Elia ben Salomo (1720-1797). Er war als talmudische Autorität ein Gegner der chassidischen Juden, weil die ihm zu charismatisch und mystisch waren. Er dagegen vertrat die wissenschaftliche Erforschung von Bibel und Talmud. Ungeachtet dessen schreibt man ihm folgende Vision zu: „Wenn die zerstörte Hurva-Synagoge zum dritten Mal eingeweiht wird, dauert es nicht mehr lange bis der Dritte Tempel eingeweiht wird." 1701 war also ihre erste Einweihung.

Im Jahr 1857 erwirkte der jüdische Philanthrop Sir Moses Montefiore mit Hilfe des britischen Botschafters vom Sultan in Konstantinopel die Erlaubnis, in Jerusalem auf dem Ruinengelände neben der Moschee, eine Synagoge zu bauen. Noch im selben Jahr legte Baron Alfons de Rothschild den Grundstein für die Hurva-Synagoge – Hurva heißt übrigens Ruine – die dann 1864 eingeweiht wurde. Das war die zweite Einweihung der Hurva-Synagoge. Diese Synagoge war ein im Renaissancestil erbautes dreigeschossiges Wohnhaus, über das in einem Kuppelbau die Synagoge untergebracht war, die den Namen Menachem Zion – Tröster Zions bekam. Weil die Hurva-Synagoge mit ihren 24 Metern Höhe die Omar-Moschee überragte, hatte man von dort aus einen hervorragenden Blick über Jerusalem und den Tempelplatz.

Nachdem David Ben-Gurion am 14. Mai 1948 im Haus der Bibel in Tel Aviv die Unabhängigkeit des Judenstaates Israel ausgerufen hatte, erklärten die Arabischen Ligastaaten Israel den Krieg, der bis zu dem von der UNO ausgehandelten Waffenstillstand am 11. Juni 1948 anhielt. In dieser Zeit zerstörte die jordanische Armee in der Jerusalemer Altstadt alle 59 Synagogen, darunter auch die Hurva-Synagoge.

Vor dem Wiederaufbau der Hurva-Bogen zur Erinnerung

Im Inneren der Hurva-Synagoge; heute und damals

Ein übriggebliebener filigraner Bogen wartete von da an auf den Wiederaufbau. Als am 15. März 2010 die Hurva-Synagoge eingeweiht wurde, war dies ihre sagenumwobene dritte Einweihung. Damit ging die Vision des Gaon von Wilna in Erfüllung. Nun ist der Weg frei für den Bau des Dritten Tempels.

Der jetzige Mufti von Jerusalem, Scheich Ikrama Sabri, predigt, dass im Heiligen Land nicht ein einziger Stein jüdischer Herkunft sei und dass Jerusalem schon vor 7500 Jahren eine moslemische Stadt war. Dabei ist die islamische Religion erst vor 1378 Jahren entstanden. Auf diese Weise hetzt er seine Leute gegen Israel auf. Dabei kam ihm die Einweihung der Hurva-Synagoge gerade recht. So warnt er die Moslems vor dem Bau des dritten jüdischen Tempels, weil die Verheißung ihrer dritten Einweihung den Bau des Tempels ankündigt.

Nun taucht die Frage auf: Gibt es schon Pläne für den Bau des Dritten Tempels? Dass ein dritter Tempel gebaut wird, lesen wir u.a. in Sacharja 1,16-17: „Darum spricht der HErr: Ich habe mich Jerusalem voll Erbarmens wieder zugewandt: mein Tempelhaus soll in ihm wieder aufgebaut werden". Es gibt Christen, die meinen, weil die Gemeinde Jesu der neue Tempel ist, komme kein irdischer Tempel mehr. Doch so wie es eine himmlische Stiftshütte gab, gab es auch eine irdische; wie es ein himmlisches Jerusalem gibt, gibt es auch ein irdisches Jerusalem; wie es einen geistlichen Tempel (Gemeinde Jesu) gibt, wird es auch wieder einen irdischen Tempel geben. So wie der Antichrist versucht, in den geistlichen Tempel (Kirche) einzuziehen, wird er auch in den irdischen Tempel einziehen. Das aber hält Gott nicht davon ab, alles zu einem guten heilsgeschichtlichen Abschluss zu bringen.

Zuerst aber muss die Frage beantwortet werden, wo der Dritte Tempel stehen soll, denn er darf nur dort stehen, wo der Erste und der Zweite Tempel gestanden haben, und das ist auf dem 144.000 m^2 (480 mal 300 Meter) großen Tempelplatz in Jerusalem. Erst nach 1967, seit Israel das Hoheitsrecht über den Tempelplatz hat, konnten Juden auf dem Tempelplatz archäologische Ausgrabungen durchführen. Alles frühere Wissen basiert auf widersprüchliche Traditionen.

So fand zum Beispiel Dr. Asher Kaufmann von der Hebräischen Universität bei der Erforschung des Tempelstandortes heraus, dass das Allerheiligste des salomonischen und herodianischen Tempels dort war, wo heute die

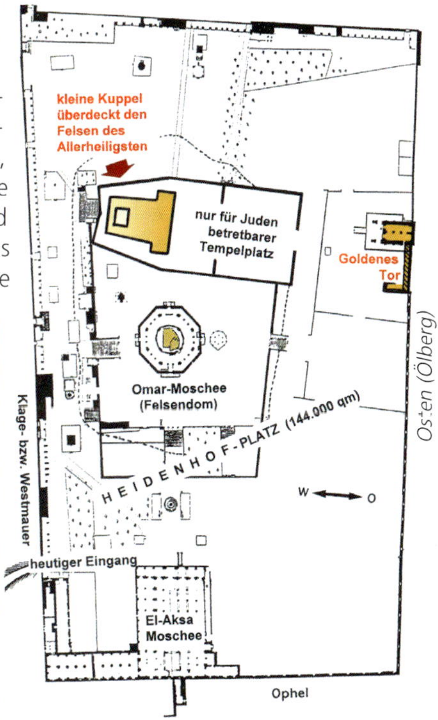

Kuppel des Geistes

kleine „Kuppel der Schechina", auch „Kuppel des Geistes" genannt, zu sehen ist. Diese steht knapp 100 Meter nördlich vom Felsen in der Omar-Moschee. Die von acht Säulen getragene Kuppel überdeckt den Even Schetija, den ewigen Grundstein, auf dem Abraham seinen Sohn Isaak opfern sollte. Auf diesem Even Schetija des Morija-Berges stand im Allerheiligsten die Bundeslade.

Die Römer, die nach der Zerstörung Jerusalems die Stadt wieder aufbauten, legten auf den Grundstein des jüdischen Tempels keinen Wert, für sie war die Symmetrie wichtiger. Deshalb errichteten sie ihren Jupiter-Tempel in der Mitte des Tempelplatzes über den ehemaligen Areopag-Rednerberg. Das ist der Felsen in der Omar-Moschee. Im Jahre 326 funktionierte Kaiserinmutter Helena den Jupiter-Tempel in die Jakobuskirche um, die 691 in die Omar-Moschee und 1099 von den Kreuzfahrern in den Felsendom umgewandelt wurde, bis sie nach Abzug der Kreuzfahrer zur Moschee wurde.

1969 zündete der australische Christ Rohan die Al-Aksa Moschee an, damit die Juden ihren Tempel bauen können. Dabei stellte sich heraus, dass die Moscheen keinen ausreichenden Feuerschutz hatten. Israel konnte Mekka davon überzeugen, dass auf dem Tempelplatz Wasserrohre gelegt werden müssen. Jeder dieser jüdischen „Installateure" war ein Professor für Archäologie und Bibelwissenschaften. Auf diese Weise fand man heraus, dass der Tempel in Wahrheit weiter nördlich stand als eigentlich angenommen. Außerdem war der 144.000 m^2 große Tempelplatz, im Gegensatz zum heiligen Tempelbezirk, der Heidenhof, von dem noch die Westmauer als Klagemauer steht.

Seither arbeiten Juden an der Wiederherstellung der Tempelgeräte. Der siebenarmige Tempelleuchter sowie ein Eckstein, der nicht mit Eisen in Berührung gekommen ist (2.Mose

20,25), Priestergewänder in Purpurschneckenfarbe und viele andere Dinge sind schon fertig. Nun wird in Mitzpe Jericho ein Tempelmodell im Maßstab 1 : 1 gebaut, in dem Juden, die von Aaron abstammen, also Kohanim (Priester) sind, die Tempeldienste studieren. Wenn der Dritte Tempel steht, wissen sie dann, was zu tun ist. Weil es hier um heilige Dinge geht, ruft Gott in Joel 4,9 und auch der Koran 2,191 zum Heiligen Krieg auf. Somit wird der Dritte Tempel zum Auslöser für den Heiligen Krieg.

ALLE GEHEIMNISSE
liegen in Wahrheit offen vor uns,

denn Geheimnisse sind dazu da, mit anderen geteilt zu werden

Ludwig SCHNEIDER

... das ist die freie Übersetzung von Amos 3,7: „Gott tut nichts, ohne zuvor seinen Ratschluss seinen Knechten, den Propheten, geoffenbart zu haben." „Ein Geheimnis ist wie ein Loch im Anzug, je mehr man es verbergen will, umso mehr zeigt man es." Genauso ist es mit den Geheimnissen der Bibel. Umso geheimnisumwobener sie sind, desto neugieriger machen sie.

Noah führte unter seinen Zeitgenossen ein unsträfliches Leben und wandelte mit Gott. Daher sagte Gott ihm: „Ich teile dir mit, dass ich das Ende aller Geschöpfe beschlossen habe. Darum baue dir eine Arche" (1.Mose 6,9-14).

Als Gott beschloss, Sodom und Gomorrha zu vernichten, dachte der HErr: „Soll ich vor Abraham geheim halten, was ich vorhabe zu tun?" Da feilschte Abraham mit Gott, Sodom und Gomorrha zu verschonen, wenn wenigstens zehn Gerechte in diesen Städten wären. Gott ließ sich darauf ein. Doch es waren nicht einmal zehn Gerechte in Sodom und Gomorrha. Also wurden diese Städte vernichtet (1.Mose 18,16-33).

In beiden Fällen – bei Noah und Abraham – informierte Gott vorher seine Knechte, nicht nur, damit sie Bescheid wussten, was auf sie zukommt, sondern damit sie sich von Gott aktiv zur Rettung der Menschen einsetzen lassen konnten.

Dem Propheten Daniel erging es nicht anders. Der von Gott gesandte Engel sagte zu ihm: „Daniel, ich bin gekommen, um dir zum richtigen Verständnis zu verhelfen, um dir Auskunft zu geben, denn du bist ein besonders geliebter Mann. So achte auf das Wort, damit du die Offenbarung genau verstehst! Siebzig Jahrwochen sind über dein Volk und über die heilige Stadt bestimmt, um den Frevel zum Abschluss zu bringen ...." (Daniel 9,22-24).

Und wenn es in Amos 3,7 heißt: „Gott tut nichts, ohne zuvor seinen Knechten, den Propheten, alles mitgeteilt zu haben", liegt die Betonung auf Propheten, die Gottes Freunde sind. Daher sagte Jesus seinen Jüngern: „Ich nenne euch jetzt nicht mehr Knechte, denn der Knecht hat keine Einsicht in das Tun seines Herrn; vielmehr nenne ich euch Freunde, weil ich euch alles kundgetan habe, was ich von meinem Vater gehört habe und wisst: nicht ihr habt mich erwählt, sondern ich habe euch erwählt" (Joh. 15,15-16).

Es gibt Christen, die meinen, Gott habe mit dem Abschluss des Alten und Neuen Testamentes alles gesagt und sei nun nicht mehr daran interessiert, sein Volk Israel und die Gemeinde Jesu über bevorstehende Ereignisse zu informieren. Und da Gott uns sowieso „Tag und Stunde" vom Kommen des Messias bzw. der Wiederkunft Christi nicht verrät (Matth. 24,32-36), bräuchten wir uns damit nicht zu befassen.

Falsch! Gott ist heute noch derselbe, der er immer war. Er informiert daher über seine Propheten noch immer sein Volk

Israel und die Gemeinde Jesu. Daher werde ich im Folgenden über Dinge berichten, die in nachbiblischer Zeit offenbart wurden, aber voll im Fokus der biblischen Aussagen stehen, die unsere und Jerusalems Zukunft betreffen.

Um 1200 lebte in Regensburg Juda ben Samuel, bekannt auch unter dem Namen Jehuda heChassid, was übersetzt „Juda der Fromme" heißt. Er gilt als der Begründer der jüdischen Mystik in Deutschland, die sich von der talmudischen Richtung und auch von der Kabbala unterschied, denn das Hauptgewicht von Juda ben Samuels Mystik lag auf dem Gebet und der Gottverbundenheit.

In diesem Geiste verfasste er das Buch „Sefer haKawod – Buch der Majestät", das die erfassbare Herrlichkeit der in ihrem Wesen unerfassbaren Gottheit zum Gegenstand hat. In diesem Buch ließ er auch Berechnungen (Gematria) einfließen. Juda ben Samuel ist die Quelle für folgende Voraussage, die aus dem Jahr 1217 stammt. Sie bezieht sich vordergründig auf die Stadt Jerusalem, aber tiefsinnig auf das Kommen des Messias bzw. auf die Wiederkunft Christi.

Schon in der Antike benutzten Bibelausleger für ihre Exegese die Methode der Gematria, die die Deutung eines Wortes auf Grund des Zahlenwertes der Buchstaben ermöglicht, denn zu biblischer Zeit gab es noch keine sogenannten arabischen Zahlen, sondern es wurden Buchstaben als Zahlen verwendet: aleph = 1; bet = 2; gimel = 3 usw. Das war nicht nur in der hebräischen, sondern auch in der griechischen Sprache so.

Osmanisch-türkische Fremdherrscher

Auf diese Weise, gepaart mit Gebet und Gottverbundenheit, fand Juda ben Samuel heraus, was erst mehr als 300 Jahre später eintraf, d.h. er konnte das, was er voraussagte, in keiner Weise am Horizont kommen gesehen haben. Das zeigt uns, dass das Wort Gottes unbestechlich ist.

So sagte Juda ben Samuel von Regensburg voraus:
„Nachdem die Osmanen die Stadt Jerusalem erobert haben, werden sie acht Jubeljahre in Jerusalem regieren. Danach werden sie aus Jerusalem vertrieben und die Heilige Stadt wird ein Jubeljahr lang Niemandsland sein. Danach fällt Jerusalem wieder in die Hände des jüdischen Volkes. Damit beginnt die Zeit der Geburtswehen des Messias, die das Freudige Ereignis seines Kommens ankündigen."

Laut 3.Mose 25,8-17 beträgt 1 Hall- bzw. Jubeljahr (schenat hajovel) 50 Jahre, das alle fünfzig Jahre mit dem Hall, dem Klang des Widderhorns ausgerufen wurde. Ein anderer Name dafür war Freijahr – Jahr der Freilassung. Es fand immer nach 7 mal 7 Jahren, also nach 49 Jahren, im 50. Jahr statt.

Nach der Zerstörung Jerusalems im Jahre 70 n. Chr. durch die Römer herrschten zuerst die Römer in Jerusalem. Sie benannten die Stadt in Aelia Capitolina um. Im Jahr 324 kamen dann die Byzantiner; 614 eroberten die persischen Sassaniden Jerusalem und 628 zogen Mohammeds Nachfolger in Jerusalem ein. 1099 erstürmten die Kreuzfahrer Jerusalem und 1260 übernahmen die ägyptischen Mamelucken die Herrschaft in Jerusalem.

Nun setzt Juda ben Samuels Vorhersage ein, weil er sich darin namentlich nur auf die Osmanen bezieht, die später Türken genannt wurden. Im Jahr 1517 besiegten die Osmanen die Mamelucken, und Suleiman der Prächtige herrschte von da ab als Osmane über Jerusalem. Er war es, der die noch heute erhaltene Stadtmauer Jerusalems mit ihren Stadttoren erbauen ließ und die Stadt in Al Kuds – die Heilige – umbenannte. Damit beginnt die Geschichte der Osmanen in Jerusalem, die in der Heiligen Stadt herrschten, als wäre Zion bis in alle Ewigkeit ihre Stadt.

Ende des 19. Jahrhunderts buhlte das Deutsche Kaiserreich um die Gunst der Osmanen, um in Jerusalem Fuß zu fassen, was Kaiser Wilhelm II. mit dem Bau der evangelischen Erlöserkirche in der Altstadt und der katholischen Dormitio Kirche auf dem Zionsberg und der Auguste Viktoria Stiftung auf dem Ölberg auch sichtlich gelang.

Doch nichts ist so sicher wie eine von Gott gegebene Verheißung, denn pünktlich acht Jubeljahre nach dem Einzug der Osmanen in Jerusalem (8 mal 50 = 400 Jahre) wurden die Osmanen (Türken) 400 Jahre nach 1517 im Jahre 1917 durch den britischen General Allenby aus Jerusalem vertrieben.

Danach sollte Jerusalem ein Jubeljahr lang Niemandsland sein, was auch genauso geschah, denn nach 1917 war Jerusalem zuerst bis 1947 britisches Mandatsgebiet. Danach wurde es von Jordanien lediglich verwaltet. Jordanien durfte sein verwaltetes Gebiet nur Transjordanien nennen, was sich nur auf vorübergehenden Durchzug bezog.

Dann kam das Jahr 1967. Israel wurde von Ägypten, Syrien und Jordanien angegriffen. Ab dem 5. Juni 1967 tobte sechs Tage lang ein erbitterter Krieg, bei dem am Ende aber Israel als Sieger hervorging. Hierbei wurde nicht nur das biblische Kernland Judäa und Samaria, sondern auch die Jerusalemer Altstadt mit dem Tempelplatz erobert. Damit haben sich die letzten 50 Jahre von 1917 bis 1967 als neuntes Jubeljahr erfüllt, denn Jerusalem war ab 1967 wieder in den Händen des jüdischen Volkes, womit – nach Meinung von Juda ben Samuel – die Zeit der Geburtswehen des Messias einsetzten.

Daher sind die Konflikte, die Israel seither durchmacht, nicht Nöte, die zum Untergang führen, sondern die schon von Jesus vorhergesagten Geburtswehen, die zum Freudigen Ereignis führen.

...man kann über solche Vorhersagen denken, wie man will, doch dass sie genauso eingetroffen sind, bestätigt ihre nachprüfbare Echtheit.

RUHEPAUSE AN DER KLAGEMAUER:
Israelische Soldaten befreien im Juni 1967 die Jerusalemer Altstadt.

Google: Konflikt in Israel

Aviel SCHNEIDER

Wer die ausländischen Medien verfolgt, erhält den Eindruck, dass der israelisch-palästinensische Konflikt mehr oder weniger der einzige Konflikt weltweit ist. Andere Völkerkonflikte, 50 an der Zahl, werden meist übergangen oder nur am Rande erwähnt. Dennoch behaupten Israelkritiker, dass der Nahost-Konflikt nicht intensiver als andere Konflikte behandelt wird. „Wir kritisieren ebenso stark andere Völkerkonflikte", beteuerte die nordirische Nobelpreisträgerin Mairead Maguire, die auf dem Schiff Rachel Corrie war, im Juni 2010 im israelischen *Fernsehkanal 10*.

ISRAEL: 18 MILLIONEN GOOGLE-ERGEBNISSE

Im Juni 2010 überprüfte **israel heute** mithilfe von *Google.de* und *Google.com*, welcher Völkerkonflikt in der globalen Suchmaschine die meisten Suchergebnisse vorweisen kann. 1,8 Milliarden Menschen sind heute mit dem Internet verbunden, sie repräsentieren 26 % der Weltbevölkerung. 25 schwerwiegende Konflikte wurden ausgewählt. Beim Suchbegriff „Konflikt in Israel" fand *Google.com* über 18 Millionen Ergebnisse und *Google.de* über 2 Millionen. Der einzige Konfliktbegriff, der Israel noch übertraf, war „Konflikt im Nahen Osten". Hier gab es 19 Millionen Ergebnisse bei *Google.com* und 2,5 Millionen in der deutschen Ausgabe.

Demgegenüber sind weit weniger Menschen über die chinesische Eroberung Tibets besorgt: Nur 1,5 Millionen Webseiten werden diesbezüglich gefunden. Was reizt die Nationen und mit ihnen *Google* so sehr, sich mit dem Minivolk Israel zu beschäftigen? Warum spuckt die Suchmaschine so viel mehr Ergebnisse über Israel aus als über Tibet? Der Judenstaat mit seiner Bevölkerungszahl von 7,5 Millionen, was 0,1% der Weltbevölkerung ausmacht, bekommt mehr Schlagzeilen als jede andere Nation.

MOSLEMS TÖTEN MOSLEMS

Ob es uns gefällt oder nicht: *Google* bietet der Weltöffentlichkeit ein politisches und gesellschaftliches Barometer. Mit großem Abstand (siehe Tabelle) wird mehr über Israels Konflikt geschrieben, gesendet, gebetet, geredet, geflucht, gepredigt, gelogen und gefilmt. Verhasst oder auch geliebt – der Konfliktbegriff um Israel steht an vorderster Front.
Der 62-jährige Judenstaat bewegt die Gemüter mehr als alle anderen Konflikte der Erde, und das, obwohl es im israelisch-palästinensischen Konflikt weit weniger Todesopfer gibt als bei anderen Völkerkonflikten.
Von 1988 bis 2009 waren 8900 Tote im israelisch-palästinensischen Konflikt zu beklagen. Dies ergab eine aktuelle Studie der israelischen Menschrechtsorganisation *Be´Tselem*. Davon sind 7400 palästinensische und 1483 israelische Todesopfer, letztere kamen mehrheitlich durch Selbstmordanschläge um. In diesen Zeitraum fällt die erste und die zweite Intifada der Palästinenser sowie die israelische Operation gegen das Hamas-Regime im Gazastreifen. Das für die Palästinenser blutigste Jahr war das des Gazakrieges im Januar 2009: Es gab 1387 tote Palästinenser, darunter 320 Minderjährige und 111 Frauen. Das schlimmste Jahr aus israelischer Sicht war das Jahr 2002 mit 420 Toten, darunter 269 Zivilisten und 47 Minderjährige.

Doch allein im sogenannten Schwarzen September 1970 wurden über 10.000 Palästinenser von Jordanien im jordanischen Königreich getötet, als König Hussein kurz und

GOOGLE EINTRAGUNGEN:

Konfliktzone	Google.de	Google.com
Nahost	2.560.00	19.200.000
Israel	2.070.000	18.300.000
Afghanistan	1.250.000	14.000.000
Korea	482.000	11.300.000
Pakistan	611.000	10.500.000
Kongo	1.240.000	10.400.000
Türkei	779.000	9.760.000
Somalia	329.000	8.750.000
Sudan	357.000	8.090.000
Liberia	74.900	7.970.000
Palästina	243.000	7.800.000
Angola	112.000	7.530.000
Algerien	160.000	6.740.000
Libanon	1.750.000	6.000.000
Senegal	75.900	6.120.000
Eritrea	81.700	5.010.000
Nigeria	321.000	4.600.000
Sri Lanka	330.000	4.440.000
Djibouti	12.000	3.880.000
Irak	909.000	3.860.000
Kosovo	398.000	3.850.000
Myanmar	79.400	3.440.000
Kaschmir	59.600	2.190.000
Tibet	171.000	1.460.000
Tschetschenien	43.000	790.000

entschieden einen palästinensischen Aufstand niederschlug. Es lohnt sich zudem, auch einmal eine andere Perspektive einzunehmen: Seit 1948 sind weltweit in Kriegen und Auseinandersetzungen insgesamt 11 Millionen Moslems ums Leben gekommen. Davon aber „nur" 0,7%, d.h um die 70.000 Araber, in den Kriegen mit Israel. Mehr als 90 % der getöteten Moslems sind durch Moslems umgekommen. Allein im Iran-Irak-Krieg zwischen 1980 bis 1988 starben nach unterschiedlichen Quellen zwischen 100.000 bis 380.000 Iraker und 270.000 bis 500.000 Iraner.
QUELLE: Die Todesrate der arabischen Soldaten in den Nahostkriegen mit Israel ist schwer zu beziffern. **israel heute** hat daher die Opferzahlen nach verschiedenen Geschichtswerken und Nachrichtenquellen hochgerechnet. Die offizielle Zahl der israelischen Gefallenen seit der Rückkehr der Juden, die 1881 einsetzte, lautet 22.680 Soldaten und Sicherheitsbeamte, Zivilisten und Terroropfer.

HOHE OPFERZAHLEN, ABER NUR GERINGES INTERESSE

Zwischen 1949 und 1979 starben 350.000 Tibeter den Hungertod, weitere 400.000 Menschen wurden hingerichtet. Im Kurdenkrieg in der Türkei kamen von 1984 bis 1999 gemäß ausländischen Quellen zwischen 25.000 bis 35.000 Menschen ums Leben. Im Kaschmir-Konflikt zwischen Indien und Pakistan wurden in 14 Jahren bis 2003 40.000 Todesopfer gezählt. Als der Konflikt und zweijährige Krieg zwischen Eritrea und Äthiopien im Dezember 2000 beendet wurde, hatte dieser Konflikt 100.000 Opfer gefordert und 1,3 Millionen Menschen zu Flüchtlingen gemacht. Im Sudankonflikt (Darfur) sind gemäß *Amnesty International* bis 2007 200.000 Menschen ums Leben gekommen, 2,5 Millionen wurden innerhalb der Region vertrieben. Im Kosovo-Konflikt werden beim UN-Kriegsverbrechertribunal 2002 über 10.000 tote Albaner registriert. Im Bürgerkrieg in Angola (1975 bis 2002) sind gemäß ausländischen Quellen diverser Menschenrechtsorganisationen 500.000 Menschen ums Leben gekommen, über 2 Millionen wurden vertrieben. Im Bürgerkrieg zwischen der Regierung und fanatischen Islamisten in Algerien kamen seit Anfang der 90er Jahre 150.000 Menschen ums Leben. In der Konfliktzone Liberia starben in den Jahren 1989 bis 2003 nach Angaben von *Ärzte ohne Grenzen* 250.000 Menschen.

„Diese Zahlen zeigen, dass ohne nachvollziehbaren Grund Israel die Welt mehr verärgert als alle anderen Länder", meint der Historiker Zwi Sadan. „Viele rechtfertigen ihren Hass gegenüber Israel damit, dass Israel den Palästinensern angeblich Unrecht tut." Dass dieselben Leute still waren, als die Hisbollah Israels Zivilbevölkerung mit Raketen beschoss, zeigt, dass die Palästinenser nur der Vorwand sind für eine wahre Hass-Kampagne gegen Israel. „Da kein vernünftiger Grund existiert, muss die Erklärung im Bereich der Unvernunft liegen. Und da kommt wieder nur eines in Frage: Antisemitismus."

WAS IST MASSGEBEND: MENSCHLICHES LEID ODER RANG DES KONFLIKTS?

In den zahllosen Völkerkonflikten rund um den Erdball leiden weit mehr Menschen als im Nahostkonflikt. Aber palästinensische Opfer stoßen auf weit größeres Mitleid als etwa afrikanische oder asiatische. Der Gesellschafts-Seismograph *Google* bringt es an den Tag: Nicht das tatsächlich messbare Leid bestimmt das Interesse an ethnischen Konflikten, sondern die Thematik dahinter. Im *Heiligen Land* spielen Judentum, Christentum und Islam jeweils die Hauptrollen. Dabei stehen zwei gegen einen, denn die zwei jüngeren Religionen missgönnen dem jüdischen Volk mit der älteren Religion das *Gelobte Land* mit seiner Hauptstadt Jerusalem. Dafür werden dann die unablässig wiederkehrenden Ausreden bemüht, wie die jüdischen Siedlungen in den sogenannten besetzten Palästinensergebieten, der Sicherheitszaun oder die Befreiung Ostjerusalems einschließlich des jüdischen Tempelplatzes. Israels Existenzrecht und damit sein Recht auf Selbstverteidigung wird angezweifelt.

Im israelisch-palästinensischen Konflikt liegen die Völker und Religionen im Wettstreit zwischen Recht und Macht. Das alles fehlt bei den anderen Konflikten. Sie alle erscheinen neben dem Nahostkonflikt blass. Vom Ausgang des Konflikts zwischen Israel und den arabischen Nationen scheint der Weltfrieden abzuhängen. „Ohne die Jerusalemfrage zu lösen, wird es keinen Weltfrieden geben“, sagen nicht nur israelische Politiker, sondern ebenso arabische Staatsführer wie Husni Mubarak (Ägypten) und Baschar el Assad (Syrien). Nicht das menschliche Leid bestimmt das Interesse der Weltöffentlichkeit, sondern der Rang des Konflikts. Es scheint nicht anders zu sein als in Mode, Musik und Film.

Krieg	Araber	Israelis
1948 Unabhängigkeitskrieg	15.000	6.000
1956 Suezkanalkrieg	1650	186
1967 Sechstagekrieg	21.000	700
1968-70 Zermürbungskrieg	5000	1550
1973 Jom-Kippur-Krieg	15.000	2650
1982 Libanonkrieg	9800	675
2006 II. Libanonkrieg	1550	160
2009 Gaza-Operation	1500	10
Total:	**70.500**	**11.931**

Karte der Konflikte weltweit

Wie schreibe ich meinen Namen auf Hebräisch?

Das hebräische Alphabet (22 Buchstaben) mit Zahlenwert:

A	=	1	=	א	א	Alef
B	=	2	=	ב	ב	Beth
G	=	3	=	ג	ג	Gimel
D	=	4	=	ד	ד	Daleth
H	=	5	=	ה	ה	He
W	=	6	=	ו	ו	Waw
S	=	7	=	ז	ז	Sajin
CH	=	8	=	ח	ח	Chet
T	=	9	=	ט	ט	Tet
J	=	10	=	י	י	Jod
K	=	20	=	כ	כ	Kaf
L	=	30	=	ל	ל	Lamed
M	=	40	=	מ	מ	Mem
N	=	50	=	נ	נ	Nun
SS	=	60	=	ס	ס	Ssamech
AA	=	70	=	ע	ע	Ajin
P	=	80	=	פ	פ	Pe
Z	=	90	=	צ	צ	Zaddi
Q	=	100	=	ק	ק	Kuf
R	=	200	=	ר	ר	Resch
SCH	=	300	=	ש	ש	Schin
T	=	400	=	ת	ת	Taf

i = Jod; a,e = Alef / Ajin
o & u = meistens Waw

Als erstes muß man beachten, dass man die hebräische Schrift von rechts nach links schreibt. Dazu kommt das Fehlen der in der deutschen Schrift üblichen Umlaute wie Ä, Ö, Ü und das Fehlen der Eigenständigkeit der Selbstlaute A, E, I, O, U. In der hebräischen Schrift wird durch Punktation über oder unter den Selbstlautträgern Aleph (א), Ayin (ע) oder Waw (ו) sowie unter den Konsonanten eine Vokalisierung erreicht. Jeder Buchstabe im Hebräischen hat zusätzlich einen Zahlenwert, den man schon verwendete, als es noch keine Zahlenziffern gab. Sie können den Zahlenwert Ihres Namens selbst ermitteln, indem Sie einfach die Zahlenwerte der Buchstaben addieren.

Deutsch →

← Hebräisch

Zahlenwert

=

KULTURVERANSTALTUNGEN 2011

JANUAR

Orthodoxe Weihnachtsfeier in Jerusalem

Erleben Sie das Weihnachtsfest der griech.-orthodoxen Kirche am 7. Januar und am 18. Januar 2011 der armenischen Kirche in der Altstadt Jerusalems!

Classical Musical Festival

Dieses klassische Musikfestival findet im Tel Aviver Museum statt. Auf dem Programm stehen musikalische Veranstaltungen aller Art. *info@tamuseum.com*

Internationaler Tiberias Marathon

Seit fast drei Jahrzehnten trägt die israelische Athletic Association den tiefsten Marathon der Welt aus, er wird jedes Jahr 200 Meter unter dem Meeresspiegel am Ufer des See Genezareth abgehalten. *www.tiberias-marathon.co.il*

FEBRUAR

Tel Aviv Jazz Festival

Auch im Jahr 2011 bietet die Küstenstadt Tel Aviv wieder Jazz vom Feinsten. *www.jazzfest.co.il/english/*

Jerusalemer Buchmesse

Die internationale Buchmesse in Jerusalem: Ein Muss für jeden Bücherwurm! *www.jerusalembookfair.com*

MÄRZ

Das 5. Eilat Migration Festival

Vom 20. bis 27. März richtet das Agamim Hotel in Eilat ein besonderes Festival aus. Hier kommen Liebhaber der Ornithologie auf ihre Kosten. Vogelkunde in Israel! *www.wix.com/lironziv/eilatspringfestival2011*

APRIL

Tel Aviv Marathon

Am 8. April findet der nächste Marathon in Tel Aviv statt. Ein Großstadterlebnis das es in sich hat. *www.tlvmarathon.co.il*

Ostern in Jerusalem

Das Osterfest ist in Jerusalems Altstadt jedes Jahr aufs Neue ein Erlebnis. 2011 wird der Ostersonntag am 24. April gefeiert. Besuchen Sie die Grabeskirche bzw. das Gartengrab und erleben Sie, wie die unterschiedlichsten Denominationen das Auferstehungsfest feiern!

MAI

35. Spring Festival

Jedes Jahr findet im Norden Israels das Jacob's Ladder Folk Festival statt, 2011 vom 19.-21. Mai. Die meisten Besucher campen in Zelten. Das Festival bietet Konzerte, Tanz- und Musikworkshops, Schwimmen, Basteln und vieles mehr. *www.jlfestival.com/index.asp*

Internationales Frühlingsfest Rishon Le Zion

Musiker aus aller Welt feiern nahe Tel Aviv im Zentrum Israels den Frühling. Tel.: (972) 3-9484842 oder *www.springfestival.co.il*

Das 13. Arthur Rubinstein Klavierfestival

Vom 10.-26. Mai in Tel Aviv und Eilat. *www.arims.org.il*

JUNI

Jerusalem Tag

Am 1. Juni werden Sie das israelische Volk mit wehenden blau-weißen Fahnen auf den Straßen Jerusalems tanzen sehen! Die Innenstadt bietet am Nachmittag bis in den Abend hinein allerlei Konzerte.

50. Israel Festival

Über drei Wochen lang wird das Israel Festival (Mai/ Juni) gefeiert. Israelische und internationale Künstler geben sich dabei ein Stelldichein. Das Festival wurde 1961 erstmalig abgehalten, damals noch in Cäsarea. Heute findet ein Großteil der Veranstaltungen in Jerusalem statt, darunter Straßentheater, Kindershows und kostenlose Abendkonzerte. Infos über das Festival im letzten Jahr: *www.israel-festival.org.il/2010/index.asp*

JULI

Jerusalem Film Festival

Filmfestival mit anschließender Preisverleihung
www.jff.org.il/?cl=en

Khutzot Hayotzer Kunstausstellung

Die beliebte Kunst- und Bastelausstellung findet jedes Jahr im Hinnon Tal nahe dem Jaffa Tor statt und wird begleitet von zahlreichen abendlichen Konzerten.
www.jerusalem.muni.il/yotzer/eng/

Karmiel Dance Festival

5000 Tänzer aus Israel und aller Welt werden in 120 Events und Auftritten ihr tänzerisches Können zeigen. Es werden 250.000 Besucher erwartet.
www.karmielfestival.co.il/index.php

AUGUST

Red Sea Jazz Festival

Dieses viertägige Jazzfestival am Roten Meer ist mittlerweile legendär! Jedes Jahr strömen in der letzten Augustwoche mehr Israelis in die südlichste Stadt Israels, Eilat.
Tel.: (972) 3-6959355 oder *www.redseajazzeilat.com/en/*

24. Klezmer Festival in Safed

Einmal pro Jahr steht die galiläische Stadt Safed Kopf, die Innenstadt ist für Autos gesperrt: Zum alljährlichen Klezmer Festival mit seinen Solokünstlern, Musikgruppen und den obligatorischen Tänzen auf der Straße. *www.safed.co.il/klezmer-festival-safed.html* oder *safed.galilee@gmail.com*

Internationales Puppentheater Festival

Das Programm des 1983 ins Leben gerufenen Festivals ist auf Kinder und Familien ausgerichtet, es gibt allerdings auch Veranstaltungen für Erwachsene. 2010 gab es über

90 Vorführungen. *www.traintheater.co.il/puppets_festival/english/f_about.php* oder Tel.: (972) 2-6732033

SEPTEMBER

Rosch HaSchana

Am 29. und 30. Sept. 2011 feiert Israel das Neue Jahr 5772.

OKTOBER

Jerusalem Marsch zum Laubhüttenfest

Das Laubhüttenfest 2011 beginnt am Abend des 13. Oktobers und wird sieben Tage lang gefeiert. Höhepunkt ist der farbenfrohe, prachtvolle Marsch durch Jerusalem, an dem jedes Jahr Tausende Israelis und Christen aus den Nationen teilnehmen. *www.jerusalem.muni.il*

Acco Festival of Alternative Theatre

Dieses Festival in der traditionsreichen Stadt Akko wird von vielen auch als eine Art Karneval bezeichnet, kein Wunder bei der ausgelassenen Stimmung, mit der jedes Jahr an drei bis fünf Tagen im Rahmen des Laubhüttenfestes gefeiert wird. Die alte Kreuzfahrerkulisse und die vielen Open Air Veranstaltungen, die überfüllten Straßen und die orientalischen Gerüche des Basars tragen zum Erfolg des Festivals maßgeblich bei. *www.accofestival.co.il/english/* oder *main@accofestival.co.il*

NOVEMBER

Winter Jazz In Jerusalem und Gitarrenfestival in Tel Aviv

www.jerusalem.muni.il

DEZEMBER

Festival of Festivals in Haifa

Ein buntes Fest der Koexistenz. Man feiert Weihnachten, Id el-Adha und Hannuka mit einer Bandbreite an kulturellen und künstlerischen Veranstaltungen jeweils an den vier Samstagen im Dezember. *www.haifahag.co.il* oder *www.tour-haifa.co.il* oder Tel.: (972) 4-8535606

WICHTIGE ADRESSEN

ÄMTER / ADRESSEN

Dt.-isr. Industrie-und Handelskammer
Migdal Teumim 2, POB 3488, Jabotinsky 35
Ramat Gan 52511;Tel. (03) 6133515
www.ahkisrael.co.il; info@ahkisrael.co.il

Jerusalem-Foundation
Rivka-Str. 11, Jerusalem 91101
Tel. (02) 6751711, Fax (02) 6734462
www.jerusalemfoundation.org

Innenministerium (Visa)
Shlomzion-HaMalka-Str. 1
Jerusalem 94146
Tel. (02) 6290222/31 oder *2777

Jerusalemer Stadtverwaltung
Safra Square 1, Jerusalem 91007
Tel. (02) 6296910
MZHEDVA@jerusalem.muni.il

Touristen-Informationszentrum
Jaffa-Tor, Tel. (02) 6271422
www.infotour.co.il

Christliches Informationszentrum
Jaffa-Tor, P.O.B. 14308, Jerusalem 91140
Tel. (02) 6272692, Fax (0)2-6286417

Israels Altertumsbehörde Reshut HaAtikot
www.antiquities.org.il/home_eng.asp

BOTSCHAFTEN

Deutsche Botschaft
Daniel-Frisch-Str. 3, Tel Aviv 64731
Tel. (03) 6931313, Fax (03) 6969217
www.tel-aviv.diplo.de
ger_emb@netvision.net.il

Schweizer Botschaft
HaYarkon-Str. 228, Tel Aviv 61060
Tel. (03) 5464455, Fax (03) 5464408
www.eda.admin.ch/telaviv
vertretung@tel.rep.admin.ch

Österreichische Botschaft – Beit Crystal
HaHilazon-Str. 12, Tel Aviv 52522
Tel. (03) 6120924, Fax (03) 7510716
www.austrian-embassy.org.il
tel-aviv-ob@bmeia.gv.at

NOTDIENSTE

Polizei – „Mischtara"
Tel. 100

Erste Hilfe – „Magen David Adom"
Tel. 101

Feuerwehr – „Mechabe Esch"
Tel. 102

TRANSPORT

Flug-Informationen
Ben-Gurion Flughafen
Tel. (03) 9723344 oder *666
http://www.iaa.gov.il/Rashat/en-US/Rashot

EL-AL Fluggesellschaft –
Auskunft (03) 9723344 (engl.)

„Arkia" Inlandsflüge, Tel Aviv
Tel. (03) 6903311; www.arkia.co.il

„IsrAir" Inlandsflüge, Tel Aviv
Tel. (03) 7955777; www.israirairlines.com

EGGED Bus-Auskunft:
Tel. (03) 6948888 oder *2800
www.egged.co.il

Israelische Bahn:
Tel. *5770
www.rail.co.il/EN/Pages/HomePage.aspx

UNIVERSITÄTEN

Email-Adressen Hebrew University:
www.huji.ac.il/huji/eng/info_contact_e.htm

Universitäten in Israel
www.hareshima.com/Israel/universities.asp
www.science.co.il/Univ.asp
www.bgu.ac.il/univ.html

ULPAN Sprachkurse

Akko

Beit Heiman

Rehov Herzog 16; (04) 9812822

Ashdod

Hamerkaz Lehaskalat Mevugarim

Rehov Haatzmaut 54; (08) 8559882

Beerscheva

Ulpan Altschul

Rehov Yitzchak Sadeh 11; (08) 6275268

Haifa

Ulpan Emunah

Rehov Y.L. Peretz 20; (04) 8625480 ext:1220

Netanja

Ulpan Akiva

Shazar St. 3; (09) 8352312/3

TEL AVIV

Ulpan Ma'aleh

Rehov Ha'tikva 78; (03) 6879822

Ulpan Gordon

Rehov LaSalle 7; (03) 5223095

Tiberias

Beit Ginzburg Kaplan Center

(04) 6716189

JERUSALEM

Beit Ha'am

Rechov Bezalel 11; (02) 6254156/7

Beit Mitchell

Rechov Sokolov 15; (02) 5637505

M.I.L.A.

Hahistadrut 5; (02) 6233164

YMCA

King David Str. 26; (02) 6257111

VOLONTÄRE

Religiöser Kibbuz

Dubnov Str. 7 Tel Aviv; (03) 6072777
email: kdati@kdati.org.il

Nichtreligiöser Kibbuz

Frischmann Str. 18 Tel Aviv; (03) 5278874
www.kibbutz.org.il/eng
kpc@vollentir.co.il

Israels Altertumsbehörde "Reshut HaAtikot"

Ausgrabungseinsätze
www.antiquities.org.il
www.mfa.gov.il/mfa

Einsatz im Militärlager

Jerusalem Blvd. 111 Tel Aviv
sar_el@netvision.net.il
jafi.frankfurt@t-online.de

Aktion Sühnezeichen

En Gedi Str. 28 Jerusalem; (02) 6732587
israel@asf-ev.de

Dienste in Israel

Kirchröder Str. 46, 30559 D- Hannover
Dtschl. Tel. 0511-9549860
Fax: 0511-9549866
www.dienste-in-israel.de
DiensteInIsrael@t-online.de

Hagoshrim

Hagay Str. 7 Jerusalem, P.O. Box 3392
Tel. (02) 6511655

Yad HaShmona

Volunteers office
D.N. Harei Yehuda 90895
Tel: (02) 5343956
www.yad8.com; voloff@yad8.com

YAD VASHEM

Holocaust Gedenkstätte Archiv
Am Herzlberg Jerusalem, P.O. Box 3477
(02) 6443400
www.yadvashem.org.il
general.information@yadvashem.org.il

MESSIANISCHE GEMEINDEN (Auswahl)

ARIEL: Kehilat Ariel
David and Lea Ortiz
ldortiz@netvision.net; (03) 936-4771
Samstag 18:30 Uhr

BEERSCHEVA: Kehilat Nachalat Yeshua
Howard Bass
songfish@netvision.net.il; (08) 627-7022

EILAT: Kehilat Eilat
John und Judi Pex
(08) 637-2859

HAIFA: Kehilat HaCarmel
David and Karen Davis
kcarmel@netvision.net.il, Sa. 11 Uhr

JAFFA: Kehilat Beit Immanuel
David Lazarus
welcome@beitimmanuel.org
(03) 682-1459; Freitag 18:30 Uhr

JERUSALEM:

Kehilat Beit Geulah
Meno Kalisher
meno@actcom.co.il; 02 583-4949

Kehilat Melech Hamlachim
Pastor Oded Shoshani
Jaffa Str. 97, Clal Building
Tel. 02-6251899, Freitag 15 Uhr

Kehilat El Roii
Pastor Ofer Amitai
oferami@netvision.net.il
Jaffa Str. 97, Clal Building,
„Prayer Tower", 14. Etage, Sa. 17 Uhr

Kehilat HaSeh al Har Zion
Benjamin und Ruven Berger
Samstag 10 Uhr (außer 1. Sa im Monat)
Christ Church, Jaffa Tor

Shemen Sasson
John Myers
scott.morgan@shemensasson.com
(02) 623-5155; Samstag 18 Uhr

KARMIEL: Kehilat HaDerech
Yossi Ovadiah
theway_o@netvision.net.il
(04) 988-5916
Samstag 10:30 Uhr

NETANJA: Beit Asaph
Evan Thomas, David Loden & Lev Guler
emthom@netvision.net.il
(09) 885-0029
Samstag 10:30 Uhr

TEL AVIV:

Adonai Roi
Avi Mizrachi
dugit@zahav.net.il
(03) 621-2100
Samstag 11:30 Uhr

Brit Olam Fellowship
britolam@netvision.net.il
(03) 527-2845
Samstag 10 Uhr

Kehilat Simchat Yeshua
Michael Zinn
bethsar@zahav.net.il
(02) 563-2005
Samstag 11 Uhr

Kehilat Tel Aviv
Eli Levi
el_halev@hotmail.com
054-449-1539

Tiferet Yeshua
Ari Sorko-Ram
maozisrael@maozisrael.org
(03) 639-0505
Samstag 11 Uhr

TIBERIAS: Kehilat Peniel
Daniel Yahav
(04) 670-8705
Samstag 11 Uhr

JUDEN / Allgemeines

Jewish Agency „Sochnut" (Jerusalem)
King-George-Str. 48
Tel. (02) 6202222; www.jafi.org.il

YESHA – Jüdischer Siedler-Rat
Ramat-HaGolan-Str. 16 B Jerusalem
Tel. (02) 6211999;
www.moetzetyesha.co.il

Oberrabbinat Jerusalem
Jirmijahu-Str. 80 Jerusalem
Tel. (02) 5313131 rabbia@rabbinet.gov.il

„Jerusalemer Große Synagoge"
King-George-Str. 58 Jerusalem
Tel. (02) 6230628

Reformsynagoge „Har-El"
Shmuel-HaNagid-Str. 16 Jerusalem
Tel. (02) 6253841

„Kol Israel" Radio
Heleni Hamalka Str. 21 Jerusalem
P.O. Box 1082; (02) 5015555
www.iba.org.il

KKL Baumpflanzungen
Tel. 1-800-60-91-91
plantatree@kkl.org.il; info@kkl.org.il

Israels Naturschutzverein
„Nature Reserves Authority"
HaShfela Str. 4 Tel Aviv
Tel. (03) 6388653

Diaspora Museum
„Beit HaTfutsoth"
Genealogy Centre Tel Aviv
P.O. Box 39359; Tel. (03) 6408000
www.bh.org.il; bhgnlgy@post.tau.ac.il

CHRISTEN

„King of Kings Community"
The Pavillion, Clal Building, Jaffa Str. 97
P.O.B. 28032, Jerusalem, 91280
Tel. (02) 6251899, Fax (02) 6251896
www.kkcj.org; kkcj@kkcj.org

Jerusalem Baptist Church
Narkis-Str. 4 Jerusalem
Tel. (02) 6248749, Fax (02) 6248741

„Israel College of the Bible"
1-Jahr-Studium für
internationale Studenten in Jerusalem
Tel. (02) 6221559, Fax (02) 6221560
www.israelcollege.com; icob@netvision.net.il

Christliches Informationszentrum
Jaffa-Tor, P.O.B. 14308, Jerusalem 91140
Tel. (02) 6272692, Fax (02) 6286417

ICEJ – Internationale Christliche Botschaft
Rachel-Immenu-Str. 20, P.O.B. 1192
Jerusalem 91010; Tel. (02) 5399700
www.icej.org; icej@icej.org

Röm.-kath. Kirche Abtei „Dormitio"
Mount Zion, P.O. Box 22 Jerusalem
Tel. (02) 5655330; www.hagia-maria-sion.net
abtei@hagia-maria-sion.net

Ev.-luth. Erlöserkirche
Jerusalemer Altstadt
Muristan Str. 185; Tel. (02) 6276111

Israel College of the Bible
Bibelschule (engl.) in Jerusalem
Tel. (02) 6221559; www.israelcollege.com
icob@netvision.net.il

Nach "Nabucco" jetzt "Aida"

Nach dem überwältigenden Erfolg von Nabucco auf Masada mit über 30.000 Besuchern folgt im Juni 2011 Verdis Oper Aida auf Masada. Den Chor der Gefangenen mit den Felsen von Masada im Hintergrund als natürlich emporragende Kulisse zu hören, war ein einmaliges Erlebnis. „Fliege, Gedanke, getragen von Sehnsucht, lass dich nieder in jenen Gefilden, wo in Freiheit wir glücklich einst lebten, wo die Heimat unserer Seele ist." Das Publikum applaudierte dem Chor der gefangenen Hebräer. Was für ein Applaus, was für ein gigantischer Höhepunkt, der biblische Vergangenheit und aktuelle Politik im Winde der Wüste auf ein und derselben Bühne vereinte. Ein einmaliges Wüsten- und Kulturerlebnis am tiefsten Ort auf dieser Erde.

Nun soll dieser Erfolg der Israelischen Oper unter der Leitung von Daniel Oren am 3.-6., 9. und 11. Juni 2011 am Fuße des Berges Masada mit Verdis Oper Aida wiederholt werden. Schauplatz dieser Oper in vier Akten ist diesmal Ägypten zur Zeit der Pharaonen. Aida ist eine nubische Prinzessin, die als Geisel nach Ägypten verschleppt wurde. Der ägyptische Heerführer Radames muss sich entscheiden zwischen seiner Liebe zu Aida und seiner Loyalität dem Pharao gegenüber bzw. der Hochzeit mit Amneris, der Tochter des Pharaos. Die Aufführung ist eine Gala-Vorstellung der Solisten, des Dirigenten und des Orchesters der Arena di Verona.

Der Vorverkauf hat bereits begonnen. Mehr Informationen zur Israeli Opera und der Inszenierung von „Aida" finden Sie unter: http://www.israel-opera.co.il/eng/. Informationen zu Buchungsmöglichkeiten, auch in deutscher Sprache, finden Sie unter: **www.aida-at-masada.com**

IsraelBasar

bestellung@israelheute.com
00-800-60-70-70-60
(gebührenfreie Telefonnummer)

Fax: 00972-2-6226 882
Israel Heute, P.O.B. 7555,
IL- 91074 Jerusalem

MINI**KATALOG**2011

www.israelbasar.com

CDs 16,50 €

CD „I love Israel 2"
Mehr bekannte israelische Lieder auf Vol. 2 der beliebten „I love Israel" CD! 19 Lieder
CDF036

CD „Melodies of the Kingdom" - Melodien des Königreiches
Ein instrumentales Album geistlich inspirierter Musik, produziert von den in Galiläa ansässigen messianischen Künstlern Sasha und Anya Poberejny. 10 Lieder
CDM059

DVDs 26 €

DVD „Der Tempel in Jerusalem"
Tauchen Sie ein in eine faszinierende, unvergessliche Reise in die Vergangenheit der tiefgehenden Rätsel des Jerusalemer Tempels.
DVE014

DVD „Die Reisen des Apostels Paulus"
Dieser Film folgt den Reisen des Apostels Paulus und zeigt die damit verbundenen Heiligen Stätten in Israel sowie andere Orte des östlichen Mittelmeerraumes.
DVD009

Bücher von Ludwig Schneider *

Israel als Herausforderung
Warum Israel für Christen so wichtig ist.
6,95 €
BLS015

Brennpunkt Jerusalem
5,95 €
BLS001

Schlüssel zur Thora
245 Seiten
8,95 €
BLS005

77 Lebens-Puzzle
BLS008
4,95 €

* auch im Fünfer- oder Zehnerpack erhältlich

Schmuck mit hebräischen Bibelversen

925er Sterling Silber, 14 Karat Gold, Handarbeit
Jeder Ring und Anhänger kann in Silber als auch in Gold bestellt werden, Preise auf Anfrage. Bei einer Ringbestellung bitten wir um die genaue Angabe des Innendurchmessers.

Ring „Davidstern - Ich bin meines Geliebten und mein Geliebter ist mein“
Silber mit goldenem Davidstern
JRS074
125 €

Ring „Fürchte Dich nicht, denn Ich bin bei Dir”
Silber mit goldener Schrift
JRS071
165 €

Ring „Fürchte dich nicht, denn ich habe dich erlöst“
JRS070
78 €

Anhänger mit Schmetterling-Kette „Steh auf, werde Licht!“
JNC138
88 €

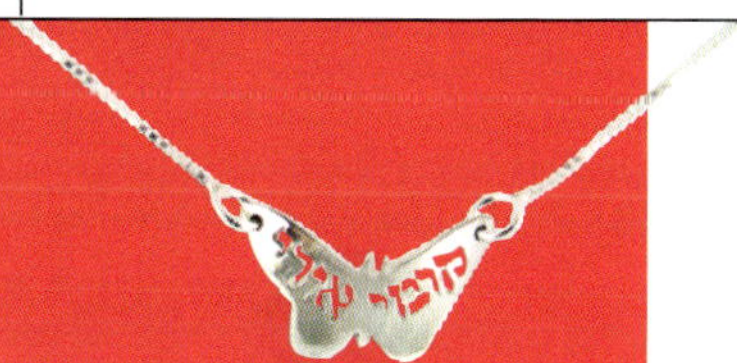

Herzohrstecker mit Davidstern und Opal
JER033
35,50 €

Preisänderungen vorbehalten

Ledersandalen wie zu Jesu Zeiten

27,50 € Aus echtem Leder, genäht

„Emmaus“
Ledersandalen im Kreuzriemen-Stil
mit Schnallenverschluß hinten
Schuhgrößen: 35-46
DJS008

„Bethesda“
Bequeme Leder-Flip-Flops im
Kreuzriemen-Stil
Schuhgrößen: 35-45
DJS016

„Beerscheva“
Zehenringsandale im Kreuzriemenstil
mit Schnallenverschluss hinten
Schuhgrößen: 35-46
DJS018

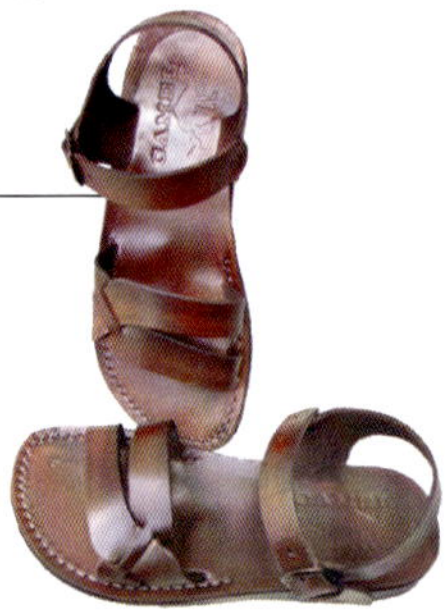

„Avdat“
Die charmante Sandale mit
seitlich überkreuzten Riemen und
Schnallenverschluss.
Schuhgrößen: 35-41
DJS020

„Carmel“
Bequeme Zehenringsandale mit breiten
Überkreuzriemen für festen Sitz.
Schuhgrößen: 39-46
DJS027

T-Shirts / Sweatshirts

100 % Baumwolle
Größen: S-XXL

„Israel Navy”
Israelische Marine
DTS128
17,00 €

„Sehu-Seh”
«Das ist es» - ein Ausdruck, der im israelischen Alltag so verwendet wird wie die deutsche Phrase: «Das war's» - oder «Basta!»
DTS113
17,00 €

„Wegweiser mit Kamel”
Das fröhliche Kamel mit dem Wegweiser erinnert an bekannte Orte Israels.
DTS121
17,00 €

Kapuzen-Sweatshirt „ZAHAL”
ZAHAL - Zawa Hagana Le'Israel - «Israelische Verteidigungsarmee» (auf Englisch und Hebräisch)
DTS071
29,50 €

Kapuzen-Sweatshirt „I.D.F. Paratroopers”
Fallschirmjäger der Israelischen Verteidigungsarmee (auf Englisch und Hebräisch)
DTS070
29,50 €

Preisänderungen vorbehalten

Kosmetika

Handcreme - AHAVA

Reichhaltige Pflege mit Mineralien aus dem Toten Meer für beanspruchte und spröde Hände. 100 ml

CHH001

13,75 €

Fußpflegecreme - AHAVA-DERMUD

Reichhaltige Intensivpflege für sehr trockene und problematische Haut. 125 ml

CDH002

18,70 €

Cremedusche Hibiskus & Feige - AHAVA Mineral Botanic

Für sehr trockene Haut. Mit Macadamiaöl und Pflanzenextrakten. Die herrlich frische Mischung aus Hibiskus & Feige schützt die Haut dank antibakterieller und pflegender Eigenschaften. 500 ml

CHD004

23,00 €

Polygonum Body Lotion

Eine natürliche, auf dem Extrakt des Vogelknöterich basierende Body Lotion, angereichert mit purem Jojobaöl. 250 ml

CZB007

14,50 €

Linderndes Polygonum-Gel – GEL SKIN SAVER

Bringt Linderung bei Mücken- und Insektenstichen. Unterstützt den Heilungsprozess bei rauher, irritierter Haut, Ausschlägen, Verbrennungen (bis 2. Grades) sowie offenen Wunden. 50 ml

CZB001

13,00 €

Teppichkollektion „Masada"

Das eindrucksvolle Mosaik wurde bei Ausgrabungen im Westpalast der Festung von Masada nahe dem Toten Meer zwischen 1963 und 1965 freigelegt. Die Schönheit dieses antiken Mosaiks diente als Inspiration für die einzigartige Teppichkollektion „Masada". Die Teppiche bestehen aus reiner Schurwolle, sind in Handarbeit gefertigt und natürlich „Made in Israel". Weitere Größen auf Antrage.

Teppich Masada „Original"

Dieser wunderschöne Teppich ist dem Masada-Mosaik mit seinen Ornamenten und dem eleganten Rosettenmuster nachempfunden.

UIC001 160 x 160 cm
883 €
UIC007 180 x 180 cm
1117 €
UIC008 200 x 200 cm
1380 €

Teppich Masada Version „Türkis"

In blauen und grünen Farbtönen

UIC002 120 x 180 cm
745 €
UIC009 140 x 200 cm
966 €
UIC010 170 x 240 cm
1398 €

Für weitere Teppich-Versionen besuchen Sie bitte unsere Internet Homepage www.israelbasar.com

Preisänderungen vorbehalten

Salböl | Parfüm | Eau de Toilette

Salböl „Königin von Saba“
30 ml
CGO021
13,20 €

Salböl „Lily of the Valleys (Maiglöckchen)”

8 ml
CGO008
5,50 €

Parfüm „Light of Jerusalem”
30 ml
CGP015
13,20 €

Minus 417 –
Totes-Meer-Parfüm „4 her”
Eau de Toilette für die Frau, mit Mineralien aus dem Toten Meer. Feminin, blumig und doch frisch mit leichter Süße. 100 ml
CFP002
70,50 €

Minus 417 –
Totes-Meer-Parfüm „1 men“
Eau de Toilette für den Mann. Ein maskuliner Duft mit sinnlicher Note, männlich und doch jugendlich frisch. 100 ml
CFP001
70,50 €

Aus Terror-Raketen werden Friedenssymbole

Landkarte Israels aus Kassam-Rakete „Das Volk Israel lebt"

Landkarte Israels aus einer Kassam-Rakete, die aus dem Gazastreifen auf Israel abgeschossen wurde. Auf der Landkarte steht auf Hebräisch (durchgestanzt) „Am Israel Chai" „Das Volk Israel lebt". So wird Terror in Lebenskraft und Glauben umgewandelt. (ca. 20 x 7 cm)

UIR002

19 €

Eisenrose auf Landkarte Israels aus Kassam-Rakete

Eisenrose auf einer Israel-Landkarte, aus einer Kassamrakete umgeschmiedet von Eisenschmied Jaron Bob, der nahe der Gaza-Grenze lebt. Jedes Stück ein Unikat! Höhe der Eisenrose ca. 30 cm. Länge der Israel-Landkarte ca. 23 cm.

135 €

UIR001

Schlüsselanhänger „Landkarte Israels aus Kassamrakete"

Landkarte Israels aus einem Teil einer Kassamrakete mit den eingravierten Worten „Am Israel Chai" – „Das Volk Israel lebt" und einem blauen Strassstein an der Stelle Jerusalems.

KKY015

12 €

Kerzenhalter „Friedensrose" aus Kassamrakete

Zwei Kerzenhalter in Rosenform, umgeschmiedet aus dem Eisen der Terror-Raketen.

Die zwei Kerzenhalter können nach Belieben z.B. in der Form eines Herzens zusammengestellt werden.

Maße eines einzelnen Kerzenhalters: ca. 16,5 x 10,5 cm

Kerzenhalter als Herz zusammengestellt: ca. 20 x 16,5 cm

UIR004

237 €

Ihr Weinstock in Israel

Weinstockpflanzungs-Urkunde
Es wird in Israel ein Weinstock gepflanzt. Sie erhalten eine Urkunde.
25 €

Weinstockpflanzungs-Urkunde + Weinflasche
Es wird ein Weinstock gepflanzt. Sie erhalten eine Urkunde und später erhalten Sie eine Flasche Wein.
50 €

L'Chaim! mit israelischem Rotwein

Rotwein Blend Jehuda 2008
750 ml
FWA007
23 €

6 Rotweinflaschen Blend Jehuda 2008
FWA008
~~138 €~~ 114 €

Heil- und Badekur
„MUT ZUR STILLE“ AM TOTEN MEER

ZUR RECHTEN ZEIT AM RECHTEN ORT MIT DEN RECHTEN LEUTEN!

…so war das Echo der Teilnehmer der von BARBARA SCHNEIDER geleiteten Heil- und Badekur am Toten Meer.

„In der Stille der Wüste ist mir Gott begegnet.“

„Jeder von uns war ein Juwel und alle zusammen ein Diadem zur Ehre Gottes.“

„Es waren 14 gesegnete Tage. Danke! Ich freue mich schon auf Barbara Schneiders Freizeit im nächsten Jahr!“

„Der Gottesdienst in der Wüste war eine Weihezeit, die ich nie vergessen werde und die mein Leben nachhaltig geprägt hat.“

„Ich hatte solche Angst vor der Hitze, doch die Wärme am Toten Meer war richtig wohltuend und heilsam.“

„Für das, was im Preis alles enthalten war: Flug, Transfer zum Toten Meer, Ausflug nach Jerusalem, Top-Hotel, Super-Essen, Andachten, Vorträge, Musik und Lobpreis, war es echt preiswert.“

„Barbara Schneiders Dienst war Glauben fördernd und ihre Liebe war vorbildlich und ansteckend.“

Herzlich willkommen zur nächsten Heil- und Badekur „MUT ZUR STILLE“ mit Barbara Schneider vom 04. – 18. Sept. 2011 mit Verlängerung bis zum 25.09.2011

(PS: im Jahr 2012 vom 26.08. – 09.09., mit Verlängerung bis 16.09.)

Anmeldungen

D info@handinhandtours.de
Tel.: 07458-9999-0

CH info@kultour.ch
Tel.: 052-235-1000

A office8@moser.at
Tel.: 0732-2240-16